Die Magie des Propheten Elias

Feuermagie, Speisenvermehrung, Wasserzauber, Totenerweckung und mehr

Kontakt: www.HarryEilenstein.de
Harry.Eilenstein@web.de
Harry Eilenstein bei youtube

Herstellung und Verlag: BoD – Books on Demand, Norderstedt

ISBN: 9783756222650

Inhaltsverzeichnis

I Elias und sein Schüler Elisa

Wenn man in der Bibel nach Wundern bzw. nach „fortgeschrittener Magie" sucht, findet man sie außer bei Christus vor allem bei dem Propheten Elias und bei seinem Schüler Elisa. Wenn man an Magie interessiert ist, kann daher die genauere Betrachtung des Lebens dieser beiden jüdischen Propheten interessant sein.

Elias lebte von ca. 900-850 v.Chr. Sein Schüler hat von ungefähr 875-825 v.Chr. gelebt. Die genaueren Geburts- und Sterbedaten sowie das Alter, daß diese beiden Propheten erreicht haben, ist unbekannt. Es ist lediglich bekannt, daß Elias vor allem von 875-850v.Chr. aktiv gewesen ist und sei Schüler Elisa in darauf folgenden ca. 25 Jahren, d.h. von 850-825 v.Chr.
Zu dieser Zeit hat vermutlich Homer die „Illias" und die „Odyssee" verfaßt. In dieser Zeit gab es in Ägypten kein einheitliches Reich mit einem einzigen Pharao als König, sondern mehrere kleinere Königreiche.
Elias und Elisa stehen als Propheten in der Nachfolge des Moses, der um ca. 1200 v.Chr. in Ägypten den Monotheismus des Pharaos Echnaton kennengelernt hat, der von 1353-1336 v.Chr. regiert hat.

Der Name „Elias" ist die lateinische Form des hebräischen „Elijahu", was „Mein Gott ist El" bedeutet. „El" ist zu dieser Zeit noch gleichbedeutend mit „Jahwe" (Yod-He-Vau-He") gewesen.
Der Name „Elisa" lautet auf hebräisch „Elisha" und bedeutet „El hilft".

Elias erscheint im Mischna, im Talmud, Alten Testament, im Neuen Testament, im Koran, im Bahai und im Buch Mormon.
Elias ist u.a. auch eines der Vorbilder des Gandalf im „The Hobbit" und im „Lord of the Rings". Gandalf wiederum ist das Vorbild für die meisten Magier in der heutigen Fantasy-Literatur und hat das kollektive Bild eines Magiers geprägt.

II Überlieferung und Kommentare

Die Überlieferung über Elias und seinen Schüler Elisa findet sich in den beiden Königs-Bücher, also in den Chroniken der israelischen Könige.

1. Die Vorgeschichte
(1. Buch Könige, Kapitel 16, 1-34)

In diesem Kapitel ist noch nicht die Rede von Elias und seinem Schüler Elisa. Dieses Kapitel ist hier nur eingefügt, um die Situation, in der Elias auftritt, zu veranschaulichen.

In Israel wurde damals kaum noch Jahwe (der Gott des Moses), sondern vor allem Ba'al verehrt. Der Name Ba'al bedeutet „Sonne, Herr, König, Sonnengott, Königsgott". Dieser Name ist sehr alt und reicht bis mindestens 7000 v.Chr. zurück, da er sich auch bei den Kelten und den Germanen als Name des Sonnengott-Göttervaters findet: Bel, Beli, Belenus, Baldur.

Aus „Ba'al" wurde „Ba'al Zebul" für „Erhabener Herr", das aus Spott durch die Israeliten zu „Ba'al az-Zubab" für „Herr der Fliegen" umgewandelt worden ist, woraus dann schließlich der Teufels-Name „Beelzebub" entstanden ist.

Es kam aber das Wort des HERRN zu Jehu, dem Sohn Hananis, gegen Bascha: „Weil ich Dich aus dem Staub erhoben habe und zum Fürsten gemacht über mein Volk Israel und Du doch wandelst in dem Wege Jerobeams und mein Volk Israel sündigen machst, daß sie mich erzürnen durch ihre Sünde, siehe, so will ich wegfegen Bascha und sein Haus und will Dein Haus machen wie das Haus Jerobeams, des Sohnes Nebats: Wer vom Hause Baschas ist, stirbt in der Stadt, den sollen die Hunde fressen; und wer von ihm stirbt auf dem Felde, den sollen die Vögel des Himmels fressen."

Die hier genannte Sünde ist vor allem das Verehren des Gottes Ba'al.

Was aber mehr von Bascha zu sagen ist und was er getan hat und seine tapferen Taten, siehe, das steht geschrieben in der Chronik der Könige von Israel. Und Bascha legte sich zu seinen Vätern und wurde begraben zu Tirza. Und sein Sohn Ela wurde König an seiner statt.

„El" war damals in ganz Mesopotamien eine Bezeichnung für „Gott". Von ihr leitet sich u.a. auch das arabische „Allah" ab. In der Kabbala ist „El" der Name der Jupiter-Sphäre Chesed.

Auch war das Wort des HERRN durch den Propheten Jehu, den Sohn Hananis, über Bascha gekommen und über sein Haus wegen all des Unrechts, das er vor dem HERRN tat, ihn zu erzürnen durch die Werke seiner Hände, daß es ihm ergehen sollte wie dem Hause Jerobeam, und weil er dieses ausgetilgt hatte.

Über den Propheten Jehu ist kaum etwas bekannt. Er war vermutlich auch der Geschichtsschreiber des Königs Bascha.

Man kann davon ausgehen, daß er Elias gekannt haben wird – da die Propheten damals in größeren Gruppen bei einem fortgeschrittenen Lehrer lernten. Ob Jehu möglicherweise gemeinsam mit Elias gelernt hat oder ob Jehu vielleicht sogar der Lehrer des Elias gewesen ist, ist unbekannt. Vermutlich ist Bascha deutlich älter als Elias gewesen.

Im sechsundzwanzigsten Jahr Asas, des Königs von Juda, wurde Ela, der Sohn Baschas, König über Israel und regierte zu Tirza zwei Jahre. Aber sein Knecht Simri, der Oberste über die Hälfte der Kriegswagen, machte eine Verschwörung gegen ihn. Er aber war in Tirza, trank und wurde trunken im Hause Arzas, des Hofmeisters in Tirza. Und Simri kam hinein und schlug ihn tot im siebenundzwanzigsten Jahr Asas, des Königs von Juda, und wurde König an seiner statt. Und als er König war und auf seinem Thron saß, erschlug er das ganze Haus Bascha und ließ nichts übrig, was an die Wand pißte, dazu seine Verwandten und seine Freunde. So vertilgte Simri das ganze Haus Bascha nach dem Wort des HERRN, das er über Bascha geredet hatte durch den Propheten Jehu, um all der Sünden willen Baschas und seines Sohnes Ela, die sie taten und durch die sie Israel sündigen machten, den HERRN, den Gott Israels, zu erzürnen durch ihre Abgötterei.

Was aber mehr von Ela zu sagen ist und alles, was er getan hat, siehe, das steht geschrieben in der Chronik der Könige von Israel.

„Der an die Wand pißt", ist im Alten Testament eine gängige Umschreibung für „Mann" gewesen.

Die „Abgötterei" bezieht sich auf den damals sehr beliebten Ba'al-Kult.

Im siebenundzwanzigsten Jahr Asas, des Königs von Juda, wurde Simri König und regierte sieben Tage zu Tirza. Und das Volk lag vor Gibbeton, das den Philistern gehörte. Als aber das Volk im Lager sagen hörte, daß Simri eine Verschwörung gemacht und auch den König erschlagen hätte, da machte ganz Israel am selben Tag im Lager Omri, den Feldhauptmann, zum König über Israel. Und Omri zog herauf und ganz Israel mit ihm von Gibbeton, und sie belagerten Tirza. Als aber Simri sah, daß die Stadt eingenommen werden würde, ging er in den Burgturm im Hause des Königs und verbrannte sich mit dem Hause des Königs und starb um seiner Sünden willen, die er getan hatte, daß er tat, was dem HERRN mißfiel, und wandelte in dem Wege Jerobeams und in seiner Sünde, die er tat, daß er Israel sündigen machte.

Was aber mehr von Simri zu sagen ist und wie er eine Verschwörung machte, siehe, das steht geschrieben in der Chronik der Könige von Israel.

Damals teilte sich das Volk Israel in zwei Teile. Eine Hälfte hing Tibni an, dem Sohn Ginats, und machte ihn zum König, die andere Hälfte aber hing Omri an. Aber das Volk, das Omri anhing, wurde stärker als das Volk, das Tibni anhing, dem Sohn Ginats. Und Tibni starb; da wurde Omri König.

Im einunddreißigsten Jahr Asas, des Königs von Juda, wurde Omri König über Israel und regierte zwölf Jahre und davon zu Tirza sechs Jahre. Er kaufte den Berg Samaria von Schemer für zwei Zentner Silber und baute auf dem Berg eine Stadt und nannte sie Samaria nach dem Namen Schemers, dem der Berg gehört hatte. Und Omri tat, was dem HERRN mißfiel, und trieb es ärger als alle, die vor ihm gewesen waren, und wandelte in allen Wegen Jerobeams, des Sohnes Nebats, und in seiner Sünde, durch die dieser Israel sündigen machte, daß sie den HERRN, den Gott Israels, erzürnten durch ihre Abgötterei.

Hier geht es wieder um den Kult des Ba'al.

Was aber mehr von Omri zu sagen ist und alles, was er getan hat, und seine tapferen Taten, siehe, das steht geschrieben in der Chronik der Könige von Israel. Und Omri legte sich zu seinen Vätern und wurde begraben zu Samaria. Und sein Sohn Ahab wurde König an seiner statt.

Im achtunddreißigsten Jahr Asas, des Königs von Juda, wurde Ahab, der Sohn Omris, König über Israel und regierte über Israel zu Samaria zweiundzwanzig Jahre und tat, was dem HERRN mißfiel, mehr als alle, die vor ihm gewesen waren. Es war noch das Geringste, daß er wandelte in der Sünde Jerobeams, des Sohnes Nebats; er nahm Isebel, die Tochter EtBa'als, des Königs der Sidonier, zur Frau und ging hin und diente Ba'al und betete ihn an und richtete Ba'al einen Altar auf im Tempel Ba'als, den er ihm zu Samaria baute. Und Ahab machte eine Aschera, sodaß Ahab mehr tat, den HERRN, den Gott Israels, zu erzürnen, als alle Könige von Israel, die vor ihm gewesen waren.

Zur selben Zeit baute Hiël von Bethel Jericho wieder auf. Es kostete ihn seinen erstgeborenen Sohn Abiram, als er den Grund legte, und seinen jüngsten Sohn Segub, als er die Tore einsetzte, nach dem Wort des HERRN, das er geredet hatte durch Josua, den Sohn Nuns.

2.   Wetterzauber des Elias
(1. Buch Könige, Kapitel 17, 1)

Und es sprach Elia, der Thisbiter, aus den Bürgern Gileads, zu Ahab: „So wahr der HERR, der Gott Israels, lebt, vor dem ich stehe, es soll diese Jahre weder Tau noch Regen kommen, ich sage es denn."

Ein „Thisbiter" ist ein Mann, der selber kein Land besitzt.

Elias tritt ziemlich unvermittelt und ohne jegliche Vorgeschichte auf. Es ist jedoch deutlich, daß Elias zu diesem Zeitpunkt bereits ein gut bekannter Prophet und auch ein berühmter Magier gewesen sein muß, denn sonst hätte seine Drohung mit einer jahrelang anhaltenden Dürreperiode wohl kaum Eindruck gemacht.

Sein Fluch gegen Israel bezieht sich sicherlich gegen den Kult des Ba'al, gegen den Elias als Prophet des Jahwe vorgehen will.

Leider wird hier auch nichts darüber gesagt, wie Elias zu einem Propheten-Magier geworden ist und wer sein Lehrer gewesen ist. Sein „Adi-Guru", wie man dies in Indien nennen würde, also der Begründer seiner Übertragungs-Linie, ist auf jeden Fall Moses. Auf Moses folgte dann dessen Schüler Joshua – die weitere Reihe von Lehrern und Schülern bis zu Elias ist nicht bekannt. Moses selber hat sehr wahrscheinlich bei den ägyptischen Priester-Magiern gelernt.

Wetterzauber sind in der Magie weithin bekannt und finden sich bei vielen Völkern. In der Regel findet man in der Überlieferung jedoch Regenzauber – die Verhinderung von Regen ist deutlich seltener.

3.   Die Einsiedelei des Elias
(1. Buch Könige, Kapitel 17, 2-7)

Da kam das Wort des HERRN zu ihm: „Geh weg von hier und wende Dich nach Osten und verbirg Dich am Bach Krit, der zum Jordan fließt. Und Du sollst aus dem Bach trinken, und ich habe den Raben geboten, daß sie Dich dort versorgen sollen."

Er aber ging hin und tat nach dem Wort des HERRN und setzte sich nieder am Bach Krit, der zum Jordan fließt. Und die Raben brachten ihm Brot und Fleisch des Morgens und des Abends, und er trank aus dem Bach.

Diese Szene der Einsamkeit sieht eigentlich nach einer Meditation in völliger Abgeschiedenheit aus, wie sie von den indischen Yogis, den tibetischen Lamas, von der Visionssuche der Indianer, von Christi 40 Tagen in der Wüste, von einigen christlichen Mönchen, aus der Abramelin-Magie usw. gut bekannt sind. Die Dauer dieser Art von Rückzug („Retreat") schwankt zwischen drei Tagen und mehreren Jahren.

Da Elias jedoch bereits ein fähiger Prophet und Magier ist, kann es sich hier nicht um seine ursprüngliche Einweihung gehandelt haben, sondern nur um eine „Auffrischung" oder eben nur um eine Flucht vor den Israeliten, die über den Dürre-Fluch des Elias sehr erbost gewesen sein werden.

Es wäre natürlich auch denkbar, daß im Zuge der Überlieferung diese Szene an die falsche Stelle in der Biographie des Elias geraten ist – aber das ist ein bloße Vermutung.

Die Raben des Jahwe erinnern sehr an die Raben des Odin, an die Krähen in den keltischen Geschichten und an die Raben und Krähen in den Geschichten der Indianer. Auch wenn diese Raben und Krähen generell Seelenvögel sind, ist hier jedoch kein Hinweis darauf zu sehen, daß Elias diese Raben so aufgefaßt hat.

Allerdings könnte es durchaus sein, daß zu der Zeit des Elias die Vögel generell noch wie die Engel (Ahnen mit Seelenvögel-Flügeln) als die „Ahnengeister" oder bereits allgemeiner als die „Wesen bei Gott" aufgefaßt worden sind.

4. Speisen-Vermehrung
(1. Buch Könige, Kapitel 17, 8-15)

Und es geschah nach einiger Zeit, daß der Bach vertrocknete; denn es war kein Regen im Lande. Da kam das Wort des HERRN zu ihm: „Mach Dich auf und geh nach Sarepta, das zu Sidon gehört, und bleibe dort; denn ich habe dort einer Witwe geboten, daß sie Dich versorge."

Und er machte sich auf und ging nach Sarepta. Und als er an das Tor der Stadt kam, siehe, da war eine Witwe, die las Holz auf.

Und er rief ihr zu und sprach: „Hole mir ein wenig Wasser im Gefäß, daß ich trinke!"

Und als sie hinging zu holen, rief er ihr nach und sprach: „Bringe mir auch einen Bissen Brot mit!"

Sie sprach: „So wahr der HERR, Dein Gott, lebt: Ich habe nichts Gebackenes, nur eine Handvoll Mehl im Topf und ein wenig Öl im Krug. Und siehe, ich habe ein Scheit Holz oder zwei aufgelesen und gehe heim und will's mir und meinem Sohn zubereiten, daß wir essen – und sterben."

Elia sprach zu ihr: „Fürchte Dich nicht! Gehe hin und mach's, wie Du gesagt hast.

Doch mache mir am ersten ein kleines Gebackenes davon und bringe mir's heraus; Dir aber und Deinem Sohn sollst Du darnach auch machen."

Sie ging hin und machte, wie Elia gesagt hatte. Und er aß und sie auch und ihr Haus eine Zeitlang.

Das Mehl im Kad ward nicht verzehrt, und dem Ölkrug mangelte nichts nach dem Wort des HERRN, daß er geredet hatte durch Elia.

Als Prophet ist Elias imstande, Worte von Gott zu hören. Dies kann man sich wahrscheinlich wie eine spontane Traumreise vorstellen. Elias läßt sich generell von der Stimme Gottes leiten.

Die „Speisen-Vermehrung" (Mehl und Öl) ist am besten von Christi „Speisung der 5000" bekannt. Die Magie der Speisen-Vermehrung scheint eine jüdisch-christliche Spezialität zu sein, die ansonsten seltsamerweise nicht bekannt zu sein scheint.

5. Erweckung eines Toten
(1. Buch Könige, Kapitel 17, 16-41)

Und nach diesen Geschichten ward des Weibes, seiner Hauswirtin, Sohn krank, und seine Krankheit war sehr hart, daß kein Odem mehr in ihm blieb.

Und sie sprach zu Elia: „Was habe ich mit Dir zu schaffen, Du Mann Gottes? Bist Du zu mir hereingekommen, daß meiner Missetat gedacht und mein Sohn getötet würde?"

Er sprach zu ihr: „Gib mir her Deinen Sohn!"

Und er nahm ihn von ihrem Schoß und ging hinauf auf den Söller, da er wohnte, und legte ihn auf sein Bett und rief den HERRN an und sprach: „HERR, mein Gott, hast Du auch der Witwe, bei der ich ein Gast bin, so übel getan, daß Du ihren Sohn tötetest?"

Und er maß sich über dem Kinde dreimal und rief den HERRN an und sprach: „HERR, mein Gott, laß die Seele dieses Kindes wieder zu ihm kommen!"

„Er maß sich über dem Kinde" bedeutet, daß er sich auf das Kind legte – Leib auf Leib, Kopf auf Kopf, Arme auf Arme und Beine auf Beine. Das sieht wie eine Lebenskraft-Übertragung aus, wobei diese Lebenskraft vermutlich von Jahwe kommt und durch Elias hindurch in den toten Sohn fließt.

Ich kenne einen Arzt, der während einer schweren Krankheit, an der er später auch gestorben ist, seine Frau gebeten hat, sich genau so auf ihn zu legen, um wieder etwas kräftiger zu werden.

Und der HERR erhörte die Stimme Elia's; und die Seele des Kindes kam wieder zu ihm, und es ward lebendig.

Und Elia nahm das Kind und brachte es hinab vom Söller ins Haus und gab's seiner Mutter und sprach: „Siehe da, Dein Sohn lebt!"

Und das Weib sprach zu Elia: „Nun erkenne ich, daß Du ein Mann Gottes bist, und des HERRN Wort in Deinem Munde ist Wahrheit."

Das Zurückholen eines Toten zu den Lebenden ist eine der größten Formen der Magie – oder christlich gesagt, eines der größten Wunder. Doch diese Form der Magie ist auch aus anderen Religionen und Mythologien bekannt.

Bei den Berichten von den Germanen, Kelten, Griechen und Hethitern kann man oft nicht klar erkennen, ob es sich bei der Rückkehr von den Toten um Kult-Szenen, mythologische Motive oder um reale Erweckungen von Toten handelt.

Dasselbe gilt auch für die Toten-Erweckungen in den „Magie-Märchen" der Ägypter – wobei diese Geschichten nicht von den Ägyptern selber, sondern eben von den Ägyptologen wegen der Magie-Motive in ihnen als „Märchen" bezeichnet worden sind. Wenn es Elias und Elisa und später auch Christus möglich war, Tote ins Leben zurückzuholen, dann sollte man diese Möglichkeit auch bei den Ägyptern nicht ganz ausschließen, da die jüdische Religion und Magie ihre Wurzeln schließlich in der Religion und Magie der Ägypter hat.

Ein direkter Vergleich zwischen ägyptischer und jüdischer Magie findet sich im 2. Buch Mose, Kapitel 7, Verse 10, 11, 20, 22, 23):

> *Sie gingen zum Pharao, und Aaron warf seinen Stab vor ihm und den Hof-beamten auf den Boden. Der Stab verwandelte sich in eine Schlange. Da ließ der Pharao seine weisen Männer und Zauberer rufen. Mit Hilfe ihrer Magie voll-brachten sie genau dasselbe. [...] Vor den Augen des Pharaos und seiner Hof-beamten erhob Aaron seine Hand mit dem Stab und schlug in den Nil. Da wurde das Wasser zu Blut. [...] Doch die ägyptischen Zauberer konnten mit ihrer Magie dasselbe bewirken, und so blieb der Pharao starrsinnig. [...] Er drehte sich um und ging in den Palast zurück, ohne die Warnung ernst zu nehmen.*

Generell muß man natürlich sagen, daß keine Form der Magie als sicher gelten kann, die man noch nicht selber erlebt hat – oder die man noch nicht bereits in sehr ähnlicher Form wie die betreffende Magie erlebt hat.

6. Feuerzauber
(1. Buch Könige, Kapitel 18, 1-40)

Die nun folgende Szene ist das bekannteste Motiv aus der gesamten Biographie des Elias und des Elisa. Wegen dieser Szene wurde Elias auch „der feurige Elias" genannt.

Und über eine lange Zeit kam das Wort des HERR zu Elia, im dritten Jahr, und sprach: „Gehe hin und zeige Dich Ahab, daß ich regnen lasse auf Erden." Und Elia ging hin, daß er sich Ahab zeigte. Es war aber eine große Teuerung zu Samaria.

Da nun Obadja auf dem Wege war, siehe, da begegnete ihm Elia; und er erkannte ihn, fiel auf sein Antlitz und sprach: „Bist Du nicht mein Herr Elia?"

Er sprach: „Ja! Geh hin und sage deinem Herrn: Siehe, Elia ist da!"

Obadja aber sprach: „Was hab ich gesündigt, daß Du Deinen Knecht in die Hände Ahabs geben willst, daß er mich töte? So wahr der HERR, Dein Gott, lebt: Es gibt kein Volk noch Königreich, wohin mein Herr nicht gesandt hat, Dich zu suchen. Und wenn sie sprachen: Er ist nicht hier, nahm er einen Eid von dem Königreich und Volk, daß man Dich nicht gefunden hätte. Und nun sprichst Du: 'Geh hin, sage Deinem Herrn: Siehe, Elia ist da!' Wenn ich nun hinginge von Dir, so könnte Dich der Geist des HERRN hinwegnehmen, und ich wüßte nicht wohin; und wenn ich dann käme und sagte es Ahab an und er fände Dich nicht, so tötete er mich. Und doch fürchtet Dein Knecht den HERRN von seiner Jugend auf. Ist's meinem Herrn Elia nicht angesagt, was ich getan habe, als Isebel die Propheten des HERRN tötete? Daß ich von den Propheten des HERRN hundert versteckte, hier fünfzig und da fünfzig, in Höhlen und versorgte sie mit Brot und Wasser? Und nun sprichst Du: 'Geh hin, sage Deinem Herrn: Elia ist da!' Dann wird er mich töten."

König Ahab hat Elias gesucht, damit er die Dürre-Fluch über Israel wieder aufhebt.

Elia sprach: „So wahr der HERR Zebaoth lebt, vor dem ich stehe: Ich will mich ihm heute zeigen."

Da ging Obadja hin Ahab entgegen und sagte es ihm an. Und Ahab ging hin Elia entgegen.

Und als Ahab Elia sah, sprach Ahab zu ihm: „Bist Du es, der Israel ins Unglück stürzt?"

Er aber sprach: „Nicht ich stürze Israel ins Unglück, sondern Du und Deines Vaters Haus dadurch, daß ihr des HERRN Gebote verlassen habt, und Du den Ba'alen nachgelaufen bist. Wohlan, so sende nun hin und versammle zu mir ganz Israel auf den Berg Karmel und die vierhundertfünfzig Propheten Ba'als, auch die vierhundert Propheten der Aschera, die vom Tisch Isebels essen."

14

Aschera ist eine westmesopotamische Meeresgöttin, die auch in den umliegenden Ländern verehrt worden ist. Sie wurde als die Frau des Schöpfergottes El angesehen.

So sandte Ahab hin zu allen Israeliten und versammelte die Propheten auf den Berg Karmel.

Da trat Elia zu allem Volk und sprach: „Wie lange hinkt ihr auf beiden Seiten? Ist der HERR Gott, so wandelt ihm nach, ist's aber Ba'al, so wandelt ihm nach."

Mit „hinken" ist „unschlüssig hin- und herschwanken" gemeint.

Und das Volk antwortete ihm nichts.

Da sprach Elia zum Volk: „Ich bin allein übrig geblieben als Prophet des HERRN, aber die Propheten Ba'als sind vierhundertfünfzig Mann. So gebt uns nun zwei junge Stiere und laßt sie wählen einen Stier und ihn zerstücken und aufs Holz legen, aber kein Feuer daran legen; dann will ich den andern Stier herrichten und aufs Holz legen und auch kein Feuer daran legen. Und ruft ihr den Namen eures Gottes an, ich aber will den Namen des HERRN anrufen. Welcher Gott nun mit Feuer antworten wird, der ist Gott."

Das Stier-Opfer oder Stier-Brandopfer ist damals ein allgemeines Kult-Element gewesen.

Und das ganze Volk antwortete und sprach: „Das ist recht."

Es ist in vielen Kulturen üblich gewesen, einen religiösen Streit durch einen Magier-Wettkampf zu entscheiden. Derjenige, der den Magie-Wettkampf gewann, hatte offenbar recht und diente dem stärkeren Gott.

Oft wurde der Unterlegene dann getötet, aber es gab auch friedlichere Formen wie z.B. in Tibet die Verpflichtung eines Bön-Magiers, Buddhist zu werden, nachdem er den Magie-Wettstreit gegen den Mahasiddhi Milarepa verloren hatte.

Eine spätere formalisierte Variante dieses Magier-Wettstreits ist das Gottesurteil, das ein Zweikampf, ein Feuerlauf, das Tauchen der Hände in siedendes Öl und noch einiges andere sein konnte.

Und Elia sprach zu den Propheten Ba'als: „Wählt ihr einen Stier und richtet zuerst zu, denn ihr seid viele, und ruft den Namen eures Gottes an, aber legt kein Feuer daran."

Und sie nahmen den Stier, den man ihnen gab, und richteten zu und riefen den Namen Ba'als an vom Morgen bis zum Mittag und sprachen: „Ba'al, erhöre uns!"

Aber es war da keine Stimme noch Antwort. Und sie hinkten um den Altar, den sie gemacht hatten.

Als es nun Mittag wurde, verspottete sie Elia und sprach: „Ruft laut! Denn er ist ja ein Gott; er ist in Gedanken oder hat zu schaffen oder ist über Land oder schläft vielleicht, daß er aufwache."

Und sie riefen laut und ritzten sich mit Messern und Spießen nach ihrer Weise, bis ihr Blut herabfloß. Als aber der Mittag vergangen war, waren sie in Verzückung bis um die Zeit, zu der man das Speiseopfer darbringt; aber da war keine Stimme noch Antwort noch einer, der aufmerkte.

Es ist schon auffällig, wie sicher sich Elias seiner Verbindung zu Gott ist – offensichtlich ist Elias „vollkommen eingerichtet auf Jahwe". Das würde erklären, daß er derartige Wunder, also Formen von sehr fortgeschrittener Magie, vollbringen konnte.

Elias selber hätte das sicherlich nicht als „Magie" bezeichnet, sondern eher als „Theurgie", also als das „Werk Gottes". Der Begriff „Magie" ist aber auch berechtigt, da nicht jeder zu einer solchen Eingerichtetheit und zu solch einem Gottesvertrauen in der Lage ist, daß er derartige Wunder hervorrufen kann – das sind in der Bibel hauptsächlich Moses, Elias, Elisa und Jesus.

Wenn man sich den Spott des Elias gegenüber den Ba'al-Priestern anschaut, hat man als Astrologe den Eindruck, daß Elias einen Skorpion-Aszendenten haben müßte. Das würde auch gut zu der Fähigkeit der Eingerichtetheit passen und ebenso zu der Neigung, alles auf eine Karte zu setzen – was Elias bei diesem Zauberer-Wettstreit ja tut.

Da sprach Elia zu allem Volk: „Kommt her zu mir!"

Und als alles Volk zu ihm trat, baute er den Altar des HERRN wieder auf, der zerbrochen war. Und Elia nahm zwölf Steine nach der Zahl der Stämme der Söhne Jakobs – zu dem das Wort des HERRN ergangen war: „Du sollst Israel heißen" – und baute von den Steinen einen Altar im Namen des HERRN und machte um den Altar her einen Graben, so breit wie für zwei Maß Aussaat, und richtete das Holz zu und zerstückte den Stier und legte ihn aufs Holz.

Und Elia sprach: „Holt vier Eimer voll Wasser und gießt es auf das Brandopfer und aufs Holz!"

Und er sprach: „Tut's noch einmal!"

Und sie taten's noch einmal.

Und er sprach: „Tut's zum dritten Mal!"

Und sie taten's zum dritten Mal. Und das Wasser lief um den Altar her, und der Graben wurde auch voll Wasser.

Und als es Zeit war, das Speiseopfer zu opfern, trat der Prophet Elia herzu und sprach: „HERR, Gott Abrahams, Isaaks und Israels, laß heute kundwerden, daß Du Gott in Israel bist und ich Dein Knecht und daß ich all das nach Deinem Wort getan habe! Erhöre mich, HERR, erhöre mich, daß dies Volk erkenne, daß Du, HERR, Gott bist und ihr Herz wieder zu Dir kehrst!"

Da fiel das Feuer des HERRN herab und fraß Brandopfer, Holz, Steine und Erde und leckte das Wasser auf im Graben.

Als das alles Volk sah, fielen sie auf ihr Angesicht und sprachen: „Der HERR ist Gott, der HERR ist Gott!"

Elia aber sprach zu ihnen: „Greift die Propheten Ba'als, daß keiner von ihnen entrinne!"

Und sie ergriffen sie. Und Elia führte sie hinab an den Bach Kischon und schlachtete sie daselbst.

Offenbar wird hier das Gebot „Du sollst nicht töten." nicht sonderlich ernst genommen – zumindestens wird es nicht auf Ungläubige angewendet.

Es sind verschiedene Arten von Feuerzauber von verschiedenen Völkern bekannt: der Feuerlauf (Indogermanen, Hawaii u.a.), Feuerlöschzauber (Germanen), das Trinken von glühendem Erz (indische Mahasiddhis), das Lenken von Feuer mithilfe von Magie (Kelten: der Druide Mogh Ruith), das Gottesurteil durch das Tauchen der Hände in siedendes Öl (Germanen), das Rufen von Feuer (Elias) usw. Speziell das Rufen von Feuer scheint nur von Elias und Elisa bekannt zu sein.

7. Regenzauber
(1. Buch Könige, Kapitel 18, 41-46)

Und Elia sprach zu Ahab: „Zieh hinauf, iß und trink; denn es rauscht, als wollte es sehr regnen."

Und als Ahab hinaufzog, um zu essen und zu trinken, ging Elia auf den Gipfel des Karmel und bückte sich zur Erde und hielt sein Haupt zwischen seine Knie und sprach zu seinem Diener: „Geh hinauf und schaue zum Meer hin!"

Er ging hinauf und schaute und sprach: „Es ist nichts da."

Elia sprach: „Geh wieder hinauf!"

So geschah es siebenmal.

Und beim siebenten Mal sprach er: „Siehe, es steigt eine kleine Wolke auf aus dem Meer wie eines Mannes Hand."

Elia sprach: „Geh hinauf und sage Ahab: Spann an und fahre hinab, damit Dich der Regen nicht aufhält!"

Und ehe man sich's versah, wurde der Himmel schwarz von Wolken und Wind, und es kam ein großer Regen. Ahab aber fuhr hinab nach Jesreel. Und die Hand des HERRN kam über Elia, und er gürtete seine Lenden und lief vor Ahab hin, bis er kam nach Jesreel.

Der Regenzauber ist von sehr vielen Völkern bekannt. Es gibt ihn wie hier als Meditation, aber auch als Ritual.

8. Eine Vision Gottes
(1. Buch Könige, Kapitel 19, 1-18)

Und Ahab sagte Isebel alles, was Elia getan hatte und wie er alle Propheten Ba'als mit dem Schwert umgebracht hatte.
Da sandte Isebel einen Boten zu Elia und ließ ihm sagen: „Die Götter sollen mir dies und das tun, wenn ich nicht morgen um diese Zeit Dir tue, wie Du diesen getan hast!"

Isebel hat den Ba'al verehrt und will daher Elias ermorden lassen.

Da fürchtete er sich, machte sich auf und lief um sein Leben und kam nach Beer-scheba in Juda und ließ seinen Diener dort.

Es ist interessant, daß Elias (und vermutlich auch andere Propheten) einen Diener haben. Sorgt er für das Sammeln von Almosen für Elias und sich? Bei den indischen Mahasiddhis übernahmen oft die Schüler des Gurus die Aufgabe des Almosen-Sammelns.

Er aber ging hin in die Wüste eine Tagereise weit und kam und setzte sich unter einen Ginster und wünschte sich zu sterben und sprach: „Es ist genug, so nimm nun, HERR, meine Seele; ich bin nicht besser als meine Väter."

Elias hadert damit, daß er den Jahwe-Glauben in Israel nicht wieder hat fest ver-ankern können.

Und er legte sich hin und schlief unter dem Ginster.
Und siehe, ein Engel rührte ihn an und sprach zu ihm: „Steh auf und iß!"
Und er sah sich um, und siehe, zu seinen Häupten lag ein geröstetes Brot und ein Krug mit Wasser. Und als er gegessen und getrunken hatte, legte er sich wieder schlafen.

Elias hat offenbar auch im Traum Visionen von Engeln – das Materialisieren von Brot und einem Krug Wasser zeigt, daß der Traum mehr als nur ein Traum gewesen ist. Solche Materialisierungen sind aus der Magie gut bekannt – sie scheinen insbesondere im Spiritismus häufig zu sein.

Auch Materialisierungen zählen zu den Formen der Magie, die man erst einmal selber erlebt haben muß, um sie in einem 2850 Jahre alten Bericht wie hier wörtlich und ernst nehmen zu können.

Und der Engel des HERRN kam zum zweiten Mal wieder und rührte ihn an und sprach: „Steh auf und iß! Denn Du hast einen weiten Weg vor Dir."
Und er stand auf und aß und trank und ging durch die Kraft der Speise vierzig Tage und vierzig Nächte bis zum Berg Gottes, dem Horeb.

In der israelischen Tradition haben die „40 Tage und Nächte" eine symbolische Bedeutung – der Rückzug in die Einsamkeit, um zu beten und einen dauerhaften Kontakt mit Gott zu erhalten, dauert üblicherweise so lange.

Der Ursprung dieser Zeitspanne liegt in der babylonisch-ägyptischen Symbolik der Dauer der alljährlichen Überschwemmungen. Auch die Sintflut, die eine „vergrößerte Überschwemmung" ist, hat 40 Tage gedauert.

Im Alten Testament ist Moses 40 Tage lang auf dem Berg Sinai gewesen und hat dort die 10 Gebote erhalten. Auch das Tragen der Schuld Judas durch Ezechiel dauerte 40 Tage und ebenso die Prüfung des Jona für Ninive.

Im Neuen Testament hat Jesus vierzig Tage lang in der Wüste gefastet und er hat 40 Tage lang zwischen seinem Tod und seiner Himmelfahrt über das Reich Gottes gepredigt.

Die vergrößerte Version davon sind die 40 Jahre der Wanderung der Israeliten durch die Wüste, ihre Knechtschaft unter den Philistern, die Herrschaft des Königs Salomo und auch die Herrschaft des Königs David.

Davon abgeleitet haben viele Tempel in Mesopotamien und im übrigen Mittelmeerraum 40 Säulen.

Auch die katholische Fastenzeit vor Ostern und vor Weihnachten dauert 40 Tage.

Die 40-tägige Wanderung des Elias zu dem Berg Horeb, der vermutlich mit dem Sinai, auf dem Moses Gott begegnet ist, identisch ist, hat also eine tiefere symbolische Bedeutung: Die 40-tägige Wanderung des Elias ist eine Reise zu Gott. Sie ist daher vermutlich mit dem Rückzug in die Einsamkeit, die ganz am Anfang beschrieben worden ist, eng verwandt. Es hat den Anschein, als ob Elias sich des öfteren in die Wüste zurückgezogen hätte, um zu Gott zu beten. Das läßt vermuten, daß Elias auch am Anfang seines Prophetentums seine Verbindung zu Gott auf diese Weise erhalten hat.

Auch die magische Kraft des Brotes und des Wassers, die Elias Kraft für 40 Tage gaben, zeigen, daß es sich hier um eine „besondere Wanderung" handeln muß. Auch das Erscheinen des Engels weist darauf hin, daß es sich hier um eine Art Pilgerfahrt und nicht nur um eine Flucht handelt.

Und er kam dort in eine Höhle und blieb dort über Nacht.

Höhlen sind ein in vielen Religionen typischer Ort für eine Visionssuche – Höhle und Quellen sind in symbolischer Hinsicht Eingänge in die Unterwelt und somit auch in das Jenseits zu Gott.

Und siehe, das Wort des Herrn kam zu ihm: „Was machst Du hier, Elia?"
Er sprach: „Ich habe geeifert für den Herrn, den Gott Zebaoth; denn die Israeliten haben Deinen Bund verlassen und Deine Altäre zerbrochen und Deine Propheten mit dem Schwert getötet und ich bin allein übrig geblieben, und sie trachten danach, daß sie mir mein Leben nehmen."
Der Herr sprach: „Geh heraus und tritt hin auf den Berg vor den Herrn!"
Und siehe, der Herr ging vorüber. Und ein großer, starker Wind, der die Berge zerriß und die Felsen zerbrach, kam vor dem Herrn her; der Herr aber war nicht im Winde.
Nach dem Wind aber kam ein Erdbeben; aber der Herr war nicht im Erdbeben.
Und nach dem Erdbeben kam ein Feuer; aber der Herr war nicht im Feuer.

Der Sturm, das Erdbeben und das Feuer sind in vielen Kulturen mit einer Gottheit, mit dem Tod einer Gottheit oder eines Helden oder mit sonst einem Ereignis assoziiert, das völlig aus dem Rahmen des Üblichen herausfällt – so wie hier das Erscheinen des Jahwe.

Und nach dem Feuer kam ein stilles, sanftes Sausen.

Der Wechsel von den drei heftigen Vorgängen zu dem sanften Vorgang zeigt, daß sich die Angst des Elias vor dem, was hier geschieht, gelegt hat.
Dieser Vorgang wird am ausführlichsten im tibetischen Buddhismus beschrieben.
In der jüdischen Kabbala ist dies das Überschreiten des Abgrundes auf dem Lebensbaum, das von dem gewohnten Bereich abgegrenzter Dinge in den Bereich der Abgrenzungslosigkeit (Kontinuum) führt, der der Bereich der Erzengel, der Gottheiten und Gottes ist.
Wenn sich das Toben der Angst bei dem „Sprung in den Abgrund" gelegt hat und man Vertrauen in die Abgrenzungslosigkeit gefunden hat, legt sich das Toben und der Sturm wird zu einem sanften Wind – man fällt nicht mehr immer tiefer in den bodenlosen Abgrund, sondern man schwebt.
Buddha hat das Erreichen des Zustandes jenseits des „Sprungs in den Abgrund" als „die vier grenzenlosen Zustände eines Erleuchteten" beschrieben: grenzenlose Gelassenheit, grenzenloses Mitgefühl, grenzenlose Liebe und grenzenlose Freude.
Die Verbindung des Elias zu Gott wird hier offenbar noch intensiver als sie es

vorher ohnehin schon gewesen ist. Diese Verbindung gibt Elias auch sein vehementes Gottvertrauen.

Als das Elia hörte, verhüllte er sein Antlitz mit seinem Mantel und ging hinaus und trat in den Eingang der Höhle.

Und siehe, da kam eine Stimme zu ihm und sprach: „Was hast Du hier zu tun, Elia?"

Er sprach: „Ich habe für den HERRN, den Gott Zebaoth, geeifert; denn die Israeliten haben Deinen Bund verlassen, Deine Altäre zerbrochen, Deine Propheten mit dem Schwert getötet und ich bin allein übrig geblieben, und sie trachten danach, daß sie mir das Leben nehmen."

Aber der HERR sprach zu ihm: „Geh wieder Deines Weges durch die Wüste nach Damaskus und geh hinein und salbe Hasaël zum König über Aram und Jehu, den Sohn Nimschis, zum König über Israel und Elisa, den Sohn Schafats, von Abel-Mehola zum Propheten an Deiner statt. Und es soll geschehen: Wer dem Schwert Hasaëls entrinnt, den soll Jehu töten, und wer dem Schwert Jehus entrinnt, den soll Elisa töten. Und ich will übrig lassen siebentausend in Israel, alle Knie, die sich nicht gebeugt haben vor Ba'al, und jeden Mund, der ihn nicht geküßt hat."

Hier erscheinen gleich mehrere Elemente, die in vielen Magier-Geschichten von großer Bedeutung sind:

- Der Magier macht einen Mann zum König. Der bekannteste Fall dürfte Merlin und Artus sein. Aber auch der Papst und der Kaiser stehen in diesem Verhältnis. Selbst in den Fantasy-Geschichten findet sich dieses Motiv – z.B. im „Herrn der Ringe" bei Gandalf und Aragorn. Dieses Motiv ist dadurch entstanden, daß der Magier Kontakt zu den Göttern hat und der König der Vertreter der Götter bzw. des Göttervaters auf Erden ist.

- Gott bestimmt, wer der Schüler des Elias werden soll. In vielen Geschichten über Heilige, Yogis und ähnliche „religiös-magische Spezialisten" wird sowohl dem Meister als auch dem Schüler das bevorstehende Treffen miteinander durch Träume, Visionen, Gespräche mit einer Gottheit u.ä. angekündigt.

- Gott nimmt Rache an den Verehrern des Ba'al. Diese „religiöse Eifersucht" ist ein Merkmal des Monotheismus – andere Religionen haben nicht diese Konkurrenz um die Allmacht.

9. Elias und Elisa
(1. Buch Könige, Kapitel 19, 19-21)

Und Elia ging von dort weg und fand Elisa, den Sohn Schafats, als er pflügte mit zwölf Jochen vor sich her, und er war selbst bei dem zwölften. Und Elia ging zu ihm und warf seinen Mantel über ihn.

Und er verließ die Rinder und lief Elia nach und sprach: „Laß mich meinen Vater und meine Mutter küssen, dann will ich Dir nachfolgen."

Er sprach zu ihm: „Wohlan, kehre um! Bedenke, was ich Dir getan habe!"

Und Elisa wandte sich von ihm weg und nahm ein Joch Rinder und opferte es, und mit den Jochen der Rinder kochte er das Fleisch und gab's den Leuten, daß sie aßen.

Und er machte sich auf und folgte Elia nach und diente ihm.

Ist das „Pflügen zu zwölft" hier ein Hinweis auf die Symbolik der „12", die damals ein Symbol für die Vollständigkeit und die Vollkommenheit gewesen ist?

Der Mantel des Elias scheint seine magischen Kräfte zu enthalten – er benutzt ihn auch später noch bei seiner Magie. Vermutlich hat Elisa durch den Mantel des Elias eine erste Einweihung erhalten – das, was man in Indien und Tibet die „Kraftübertragung" nennen würde.

Das Rinder-Opfer gehörte fest zu dem damaligen Götter-Kult. Interessanterweise werden hier nicht nur die Rinder geopfert, die zuvor vor den Pflug gespannt waren, sondern das Fleisch der Rinder wird noch mit dem Holz der Joche der Rinder gekocht. Hier wird der Bauern-Status des Elisa sehr gründlich in den Priester-Status des Elisa verwandelt.

10. Der Kriegsgott Jahwe
(1. Buch Könige, Kapitel 20, 1-35)

Und Ben-Hadad, der König von Aram, versammelte seine ganze Streitmacht, und es waren zweiunddreißig Könige mit ihm und Roß und Wagen.

Und er zog herauf und belagerte Samaria und kämpfte gegen die Stadt und sandte Boten zu Ahab, dem König von Israel, in die Stadt und ließ ihm sagen: „So spricht Ben-Hadad: Dein Silber und Dein Gold ist mein, und Deine Frauen und Deine besten Söhne sind auch mein."

Der König von Israel antwortete und sprach: „Mein Herr und König, wie Du geredet hast! Ich bin Dein und alles, was ich habe."

Aber die Boten kamen zurück und sprachen: „So spricht Ben-Hadad: Ich habe zu

Dir gesandt und sagen lassen: Dein Silber und Dein Gold, Deine Frauen und Deine Söhne sollst Du mir geben. Doch will ich morgen um diese Zeit meine Leute zu Dir senden, daß sie Dein Haus und die Häuser Deiner Knechte durchsuchen, und was ihnen gefällt, sollen sie nehmen und wegtragen."

Da rief der König von Israel alle Ältesten des Landes zu sich und sprach: „Merkt doch und seht, wie böse er's meint! Er hat zu mir gesandt um meine Frauen und Söhne, Silber und Gold, und ich hab ihm nichts verweigert."

Da sprachen zu ihm alle Ältesten und alles Volk: „Du sollst nicht gehorchen und nicht einwilligen."

Und Ahab sprach zu den Boten Ben-Hadads: „Sagt meinem Herrn, dem König: Alles, was Du zuerst deinem Knecht entboten hast, will ich tun; aber dies kann ich nicht tun. Und die Boten gingen hin und sagten ihm das wieder."

Da sandte Ben-Hadad zu ihm und ließ ihm sagen: „Die Götter sollen mir dies und das tun, wenn der Staub Samarias genug sein sollte, die Hände der Leute zu füllen, die mit mir ziehen!"

Aber der König von Israel antwortete: „Sagt ihm: Wer den Harnisch anlegt, soll sich nicht rühmen wie der, der ihn abgelegt hat."

Erst wenn man den Harnisch (Rüstung) wieder ablegt, hat man den Kampf lebend und vermutlich auch siegreich überstanden.

Als das Ben-Hadad hörte, der eben mit den Königen in den Zelten trank, sprach er zu seinen Knechten: „Greift an! Und sie griffen die Stadt an."

Und siehe, ein Prophet trat zu Ahab, dem König von Israel, und sprach: „So spricht der HERR: Siehst Du diese große Menge? Wahrlich, ich will sie heute in Deine Hand geben, daß Du wissen sollst: Ich bin der HERR."

Ahab sprach: „Durch wen?"

Er sprach: „So spricht der HERR: Durch die Leute der Landvögte."

Ahab sprach: „Wer soll die Schlacht beginnen?"

Er sprach: „Du."

Da zählte Ahab die Leute der Landvögte, und es waren zweihundertzweiunddreißig; und nach ihnen zählte er das ganze Volk, alle Israeliten, und es waren siebentausend Mann. Und sie zogen aus am Mittag.

Ben-Hadad aber trank und war trunken im Zeltlager samt den zweiunddreißig Königen, die ihm zu Hilfe gekommen waren. Und die Leute der Landvögte zogen zuerst aus.

Ben-Hadad aber hatte Leute ausgesandt; die brachten ihm Botschaft und sprachen: „Es ziehen Männer aus Samaria heran."

Er sprach: „Greift sie lebendig, ob sie nun zum Frieden oder zum Kampf ausgezogen sind!"

Als aber die Leute der Landvögte aus der Stadt herausgezogen waren und das Heer ihnen nach, erschlug jeder den, der vor ihn kam. Und die Aramäer flohen, und Israel jagte ihnen nach. Aber Ben-Hadad, der König von Aram, entrann mit Rossen und Reitern. Und der König von Israel zog aus und schlug Roß und Wagen. So schlug er die Aramäer in einer großen Schlacht.

Da trat der Prophet zum König von Israel und sprach zu ihm: „Wohlan, rüste Dich und merke auf und sieh zu, was Du tust! Denn der König von Aram wird gegen Dich heraufziehen, wenn das Jahr um ist."

Der „Prophet" wird Elias sein.

Aber die Großen des Königs von Aram sprachen zu ihm: „Ihr Gott ist ein Gott der Berge, darum haben sie uns überwunden. Aber wenn wir mit ihnen in der Ebene kämpfen könnten – was gilt's, wir wollten sie überwinden! Tu nun das: Setze die Könige ab, einen jeglichen an seinem Ort, und setze Statthalter an ihre Stelle und schaffe Dir ein Heer, wie das Heer war, das Du verloren hast, und ebenso viele Rosse und Wagen wie zuvor, und laß uns gegen sie kämpfen in der Ebene – was gilt's, wir werden sie überwinden!"

Der König von Aram, also der König der Aramäer, und seine Anführer halten Jahwe für einen „Gott der Berge", weil er auf Berggipfeln verehrt worden ist. Jahwe ist der „Gott im Himmel", weshalb das Steigen auf einen Berggipfel symbolisch gesehen eine Wanderung zu Jahwe ist. Auch Elias hat auf dem Berg Horeb Jahwe gehört – so wie Moses auf dem Berg Sinai von Jahwe die 10 Gebote erhalten hat.

Der Berg ist das zweite Symbol neben dem „Abgrund" für den Übergang von der Welt der festen Diesseits-Dinge zu dem formloses und abgrenzungslosen Jenseits-Dingen: Bis auf den Gipfel kann man steigen – aber ab dort muß man fliegen. Das ist dasselbe wie das Erlebnis, daß man, wenn man in seiner Vision in den „Abgrund" springt, nach einer Weile feststellt, daß man nicht mehr fällt, sondern schwebt.

Die Strategen von Aram schließen aus der Verehrung des Jahwe auf Berggipfeln, daß Jahwe auf den Ebenen weiter von den Israeliten entfernt ist und ihnen daher nicht mehr so gut helfen kann.

Nebenbei bemerkt war auch Ba'al ein Gott, der auf Berggipfeln verehrt worden ist, da er ein Sonnengott gewesen ist und sich die Sonne am Himmel befindet.

Er gehorchte ihrer Stimme und tat das. Als nun das Jahr um war, bot Ben-Hadad die Aramäer auf und zog herauf nach Afek, um gegen Israel zu kämpfen. Und die Israeliten wurden auch aufgeboten, versorgten sich und zogen hin ihnen entgegen, und die Israeliten lagerten sich ihnen gegenüber wie zwei kleine Herden Ziegen. Von den Aramäern aber war das Land voll.

Und es trat der Mann Gottes herzu und sprach zum König von Israel: „So spricht der HERR: Weil die Aramäer gesagt haben, der HERR sei ein Gott der Berge und nicht ein Gott der Täler, so habe ich diese große Menge in Deine Hand gegeben, daß ihr erkennt: Ich bin der HERR."

Der „Mann Gottes" ist wieder Elias.

Und sie lagen einander gegenüber sieben Tage. Am siebenten Tage zogen sie in den Kampf, und die Israeliten schlugen die Aramäer, hunderttausend Mann Fußvolk, an einem Tag. Und die Übrigen flohen nach Afek in die Stadt, und die Mauer fiel auf die Übriggebliebenen, siebenundzwanzigtausend Mann.

Und auch Ben-Hadad floh in die Stadt und verkroch sich von einer Kammer in die andere.

Da sprachen seine Großen zu ihm: „Siehe, wir haben gehört, daß die Könige des Hauses Israel barmherzige Könige sind. So laßt uns den Sack um unsere Lenden tun und Stricke um unsere Köpfe und zum König von Israel hinausgehen; vielleicht läßt er Dich am Leben."

Und sie gürteten den Sack um ihre Lenden und Stricke um ihre Köpfe und kamen zum König von Israel und sprachen: „Dein Knecht Ben-Hadad läßt Dir sagen: Laß mich doch am Leben!"

Er aber sprach: „Lebt er noch? Er ist mein Bruder!"

Und die Männer nahmen es als ein gutes Zeichen und sprachen sogleich: „Ja, Ben-Hadad ist Dein Bruder."

Er sprach: „Geht und bringt ihn!"

Da ging Ben-Hadad zu ihm heraus. Und Ahab ließ ihn auf den Wagen steigen.

Und Ben-Hadad sprach zu ihm: „Die Städte, die mein Vater Deinem Vater genommen hat, will ich Dir zurückgeben, und mache Du Dir Märkte in Damaskus, wie mein Vater in Samaria getan hat."

Und Ahab sprach: „Ich will Dich auf diesen Bund hin ziehen lassen."

Da schloß er mit ihm den Bund und ließ ihn ziehen.

11. Der Prophetenjünger
(1. Buch Könige, Kapitel 20, 36-43)

Da sprach ein Mann von den Prophetenjüngern zu seinem Nächsten auf des HERRN Gebot: „Schlage mich!"

„Prophetenjünger" sind „junge Propheten", d.h. die Schüler eines „alten Propheten" der ihr Meister ist. Vermutlich ist dieser „alte Meister" Elias.

Er aber weigerte sich, ihn zu schlagen.
Da sprach er zu ihm: „Weil Du der Stimme des HERRN nicht gehorcht hast, siehe, so wird Dich ein Löwe schlagen, wenn Du von mir gehst."
Und als er von ihm ging, fand ihn ein Löwe und schlug ihn.

Jahwe erscheint hier wirklich nicht als barmherziger Gott, sondern als ein Gott, der wie ein damaliger König absoluten Gehorsam fordert und der Ungehorsam mit dem Tod bestraft.
Das Gebot „Du sollst nicht töten." spielt hier offenbar keine allzugroße Rolle.

Und der Prophet fand einen andern Mann und sprach: „Schlage mich!"
Und der Mann schlug ihn wund.
Da ging der Prophet hin, trat an den Weg, den der König zog, und verhüllte sein Angesicht mit einer Binde.
Und als der König vorüberzog, rief er den König an und sprach: „Dein Knecht war ausgezogen in die Schlacht. Und siehe, ein Mann trat zu mir und brachte mir einen und sprach: Bewache diesen Mann; wenn man ihn vermissen wird, so soll Dein Leben für sein Leben einstehen oder Du sollst einen Zentner Silber zahlen. Und als Dein Knecht hier und da zu tun hatte, war jener nicht mehr da."

Auch das Gebot „Du sollst nicht lügen." wird hier von dem Prophetenjünger mißachtet – wogegen Jahwe nichts einzuwenden zu haben scheint. Es sieht so aus, als wenn es damals vor allem um einen Machtkampf gegangen ist, in dem alle Mittel recht gewesen sind.

Der König von Israel sprach zu ihm: „Das ist Dein Urteil; Du hast's selbst gefällt."
Da tat er eilends die Binde von seinem Angesicht, und der König von Israel erkannte, daß er einer der Propheten war.
Und er sprach zu ihm: „So spricht der HERR: Weil Du den Mann, auf dem mein Bann lag, von Dir gelassen hast, so soll Dein Leben für sein Leben einstehen und Dein Volk für sein Volk."

Der Mann, auf dem Jahwes Bann lag, war der König Ben-Hadad von Aram, dessen Leben der israelische König Ahab verschont hat – was Jahwe mißfallen hat. Jahwe bedroht hier König Ahab deshalb durch die Worte des Propheten mit dem Tod.

Aber der König von Israel zog heim, voller Unmut und Zorn, und kam nach Samaria.

12. Nabots Weinberg

(1. Buch Könige, Kapitel 21, 1-29)

Nach diesen Geschichten begab es sich: Nabot, ein Jesreeliter, hatte einen Weinberg in Jesreel, bei dem Palast Ahabs, des Königs von Samaria.

Und Ahab redete mit Nabot und sprach: „Gib mir Deinen Weinberg; ich will mir einen Kohlgarten daraus machen, weil er so nahe an meinem Hause liegt. Ich will Dir einen besseren Weinberg dafür geben oder, wenn Dir's gefällt, will ich Dir Silber dafür geben, so viel er wert ist."

Aber Nabot sprach zu Ahab: „Das lasse der HERR fern von mir sein, daß ich Dir meiner Väter Erbe geben sollte!"

Da kam Ahab heim voller Unmut und Zorn um des Wortes willen, das Nabot, der Jesreeliter, zu ihm gesagt hatte: „Ich will Dir meiner Väter Erbe nicht geben."

Und er legte sich auf sein Bett und wandte sein Antlitz ab und aß kein Brot.

Da kam seine Frau Isebel zu ihm hinein und redete mit ihm: „Was ist's, daß Dein Geist so voller Unmut ist und daß Du nicht ißt?"

Er sprach zu ihr: „Ich habe mit Nabot, dem Jesreeliter, geredet und gesagt: Gib mir Deinen Weinberg für Geld oder, wenn es Dir lieber ist, will ich Dir einen andern dafür geben. Er aber sprach: Ich will Dir meinen Weinberg nicht geben."

Da sprach seine Frau Isebel zu ihm: „Du bist doch König über Israel! Steh auf und iß Brot und sei guten Mutes! Ich werde Dir den Weinberg Nabots, des Jesreeliters, verschaffen."

Und sie schrieb Briefe unter Ahabs Namen und versiegelte sie mit seinem Siegel und sandte sie zu den Ältesten und Oberen, die mit Nabot in seiner Stadt wohnten.

Und schrieb in den Briefen: „Laßt ein Fasten ausrufen und setzt Nabot obenan im Volk und stellt ihm zwei ruchlose Männer gegenüber, die da zeugen und sprechen: Du hast Gott und den König gelästert! Und führt ihn hinaus und steinigt ihn, daß er stirbt."

Und die Ältesten und Oberen, die mit ihm in seiner Stadt wohnten, taten, wie ihnen Isebel entboten hatte, wie sie in den Briefen geschrieben hatte, die sie zu ihnen sandte, und sie ließen ein Fasten ausrufen und ließen Nabot obenan im Volk sitzen.

Da kamen die zwei ruchlosen Männer und stellten sich ihm gegenüber und zeugten gegen Nabot vor dem Volk und sprachen: „Nabot hat Gott und den König gelästert!"

Da führten sie ihn vor die Stadt hinaus und steinigten ihn, daß er starb.

Und sie sandten zu Isebel und ließen ihr sagen: „Nabot ist gesteinigt und tot."

Als aber Isebel hörte, daß Nabot gesteinigt und tot war, sprach sie zu Ahab: „Steh auf und nimm in Besitz den Weinberg Nabots, des Jesreeliters, der sich geweigert hat, ihn Dir für Geld zu geben; denn Nabot lebt nicht mehr, sondern ist tot."

Als Ahab hörte, daß Nabot tot war, stand er auf, um hinabzugehen zum Weinberge Nabots, des Jesreeliters, und ihn in Besitz zu nehmen.

Aber das Wort des HERRN kam zu Elia, dem Tischbiter: „Mach Dich auf und geh hinab Ahab, dem König von Israel zu Samaria, entgegen – siehe, er ist im Weinberge Nabots, wohin er hinabgegangen ist, um ihn in Besitz zu nehmen – und rede mit ihm und sprich: So spricht der HERR: Du hast gemordet, dazu auch fremdes Erbe geraubt! An der Stätte, wo Hunde das Blut Nabots geleckt haben, sollen Hunde auch Dein Blut lecken."

Elias kann telepathisch wahrnehmen, was an anderen Orten geschieht. Oder anders formuliert: Jahwe sagt zu Elias, was an anderen Orten geschieht.

Telepathie gehört zu den grundlegenden Fähigkeiten so gut wie aller Schamanen, Seher, Yogis, Propheten, Magier usw.

Und Ahab sprach zu Elia: „Hast Du mich gefunden, mein Feind?"

Ahab nennt Elias „mein Feind", weil Elias die jahrelange Dürre über Israel herabgerufen hatte und sich auch sonst ständig in Ahabs Politik einmischt wie z.B. bei der Ermordung der Ba'al-Priester, deren Kult unter dem Schutz von König Ahabs Frau Isebel gestanden hatte.

Er aber sprach: „Ja, ich habe Dich gefunden, weil Du Dich verkauft hast, zu tun, was dem HERRN mißfällt. Siehe, ich will Unheil über Dich bringen und Dich wegfegen samt Deinen Nachkommen und will von Ahab ausrotten, was an die Wand pißt, bis auf den letzten Mann in Israel und will Dein Haus machen wie das Haus Jerobeams, des Sohnes Nebats, und wie das Haus Baschas, des Sohnes Ahijas, um des Zornes willen, daß Du mich erzürnt und Israel sündigen gemacht hast. Und auch über Isebel hat der HERR geredet und gesprochen: Die Hunde sollen Isebel fressen an der Mauer Jesreels. Wer von Ahab stirbt in der Stadt, den sollen die Hunde fressen, und wer auf dem Felde stirbt, den sollen die Vögel unter dem Himmel fressen. Es war niemand, der sich so verkauft hätte, zu tun, was dem HERRN mißfiel, wie Ahab, den seine Frau Isebel verführte. Und er versündigte sich dadurch über die Maßen, daß er den Götzen nachwandelte, ganz wie die Amoriter getan hatten, die der HERR vor Israel vertrieben hatte."

Auch hier bringt der Fluch des Elias bzw. Jahwes Zorn eine Strafe über König Ahab, die deutlich größer ist als die Tat des Ahab: Alle Männer aus Ahabs Sippe sollen getötet werden, weil Ahab einen Mann umbringen ließ.

Die Sippenhaft ist damals jedoch allgemein üblich gewesen.

Als aber Ahab diese Worte hörte, zerriß er seine Kleider und legte den Sack um seinen Leib und fastete und schlief darin und ging bedrückt einher.

Und das Wort des HERRN kam zu Elia, dem Tischbiter: „Hast Du nicht gesehen, wie sich Ahab vor mir gedemütigt hat? Weil er sich nun vor mir gedemütigt hat, will ich das Unheil nicht kommen lassen zu seinen Lebzeiten, aber zu seines Sohnes Lebzeiten will ich das Unheil über sein Haus bringen."

Offensichtlich geht es darum, sich vollkommen dem Willen des Jahwe zu unterwerfen.

Die große magische Macht des Elias beruht genau auf dieser Einsgerichtetheit auf Jahwe, durch die Jahwe sehr direkt im Diesseits handeln kann, was dann als die magischen Wundertaten des Elias erscheint.

Die Lebensweise und die Grundhaltung des Elias ist sozusagen eine vollkommene und dauerhafte Invokation des Jahwe, wobei Elias seinen eigenen Willen weitestgehend aufgibt. Dadurch wird Elias sozusagen zu einem „lebendigem Leib" des Jahwe – im Gegensatz zu dem „toten Leib" einer Statue. Man könnte auch sagen, daß Elias seinen Gott Jahwe permanent in Wort und Tat invoziert und channelt – die vollkommene Einsgerichtetheit …

Dieselbe Haltung, in der es keinen Unterschied mehr zwischen Vorhersehen und Bewirken gibt, findet sich auch bei Jesus: Er dankt erst Gott für das Wunder, daß er gleich vollbringen wird – und vollbringt erst nach dem Danken das Wunder. Er hat keinerlei Zweifel daran, daß das Wunder geschehen wird – er sieht voraus, daß es geschehen wird, weil er es will und weil Gott es vollbringt und weil er nur will, was Gott will. Es besteht hier kein Unterschied mehr zwischen Jesus und Gott, weil Jesus vollkommen auf Gott einsgerichtet ist.

Jesus im Einklang mit Gott sieht eigentlich nicht voraus und er bewirkt auch nicht, sondern er entscheidet, was geschehen wird.

Diese Haltung ist der „Glaube, der Berge versetzt".

13. Michas Weissagung
(1. Buch Könige, Kapitel 22, 1-40)

Und es vergingen drei Jahre, daß kein Krieg war zwischen den Aramäern und Israel. Im dritten Jahr aber zog Joschafat, der König von Juda, hinab zum König von Israel.

In Israel im Norden am Mittelmeer lebten 10 der jüdischen Stämme, in Juda im Süden im Inland lebten die beiden anderen der zwölf jüdischen Stämme. Diese Stämme gehen (zumindestens in der biblischen Mythologie) auf die zwölf Söhne des Jakob zurück.

Und der König von Israel sprach zu seinen Großen: „Wißt ihr nicht, daß Ramot in Gilead unser ist, und wir sitzen still und nehmen es nicht dem König von Aram ab?"

Und er sprach zu Joschafat: „Willst Du mit mir ziehen in den Kampf nach Ramot in Gilead?"

Joschafat sprach zum König von Israel: „Ich will sein wie Du und mein Volk wie Dein Volk und meine Rosse wie Deine Rosse.

Und Joschafat sprach zum König von Israel: „Frage doch zuerst nach dem Wort des HERRN!"

Da versammelte der König von Israel die Propheten, etwa vierhundert Mann, und sprach zu ihnen: „Soll ich gegen Ramot in Gilead in den Kampf ziehen oder soll ich's lassen?"

Sie sprachen: „Zieh hinauf! Der Herr wird's in die Hand des Königs geben."

400 Propheten sind eine erstaunliche Anzahl für ein so kleines Volk wie die damaligen Israeliten. Die Gesamtzahl der wehrfähigen Männern und somit auch in etwa die Anzahl der Familien in den zwölf jüdischen Stämmen (10 in Israel, 2 südlich davon in Juda) betrug ungefähr 1.000.000. Diese Zahl ergibt sich aus verschiedenen im Alten Testament berichteten Zählungen der wehrfähigen Männer.

Das würde bedeuten, daß sich in Israel (abzüglich Juda) in etwa 600.000 wehrfähige Männer bzw. Familien befanden. Falls Ahab in dieser Szene alle Propheten seines Landes an seinen Hof geholt haben sollte, würde auf je 1500 Familien ein Prophet entfallen.

Es gab also ungefähr so viele Propheten wie man Priester in den einzelnen Dörfern und Städten erwarten könnte.

Da die Mitglieder des Stammes Levi die Priesterschaft stellten und kein Land besitzen durften, ist die mehrfache Bezeichnung des Elias als „Thisbiter", also als „Landloser" ein deutlicher Hinweis, daß die Propheten mit den Priestern weitestgehend identisch waren. Elias wird also ein Levit gewesen sein, d.h. ein Mann aus dem Stamme Levi.

Joschafat aber sprach: „Ist hier kein Prophet des HERRN mehr, daß wir ihn befragen?"

Der König von Israel sprach zu Joschafat: „Es ist noch einer hier, Micha, der Sohn Jimlas, durch den man den HERRN befragen kann. Aber ich bin ihm gram; denn er weissagt mir nichts Gutes, sondern nur Unheil."

Joschafat sprach: „Der König rede so nicht!"

Die Weissagung von Unheil ist noch nie beliebt gewesen ...

Da rief der König von Israel einen Kämmerer und sprach: „Bringe eilends her

Micha, den Sohn Jimlas!"

Der König von Israel aber und Joschafat, der König von Juda, saßen jeder auf seinem Thron in ihren königlichen Kleidern auf der Tenne vor dem Tor Samarias, und alle Propheten weissagten vor ihnen.

Und Zidkija, der Sohn Kenaanas, hatte sich eiserne Hörner gemacht und sprach: „So spricht der HERR: Hiermit wirst Du die Aramäer niederstoßen, bis Du sie vernichtest."

Ein Prophet, der sich eiserne Hörner gemacht hat … Ist das nur ein Hilfsmittel zur Veranschaulichung des bevorstehenden Sieges von Ahab und Joschafat über die Aramäer? Das wäre sehr aufwendig. Es hat eher den Anschein, als ob es bei den Propheten auch Bräuche gegeben hätte, die man eher bei den Priestern des Ba'al vermuten würde.

Und alle Propheten weissagten ebenso und sprachen: „Zieh hin nach Ramot in Gilead; es wird Dir gelingen! Der HERR wird's in die Hand des Königs geben."

Und der Bote, der hingegangen war, Micha zu rufen, sprach zu ihm: „Siehe, die Worte der Propheten sind einmütig gut für den König; so laß nun auch Dein Wort wie ihr Wort sein und rede Gutes."

Micha sprach: „So wahr der HERR lebt: Ich will reden, was der HERR mir sagen wird."

Und als er zum König kam, sprach der König zu ihm: „Micha, sollen wir nach Ramot in Gilead in den Kampf ziehen oder sollen wir's lassen?"

Er sprach zu ihm: „Ja, zieh hinauf, es soll Dir gelingen! Der HERR wird's in die Hand des Königs geben."

Der König entgegnete ihm: „Wie oft soll ich Dich beschwören, daß Du mir im Namen des HERRN nichts als die Wahrheit sagst!"

Micha sprach: „Ich sah ganz Israel zerstreut auf den Bergen wie Schafe, die keinen Hirten haben. Der HERR aber sprach: Diese haben keinen Herrn; ein jeder kehre wieder heim mit Frieden."

Anscheinend fürchtet sich Micha, die unangenehme Wahrheit zu sagen – was König Ahab bereits bekannt ist. Erst nach der Drohung durch den König sagt Micha, was er tatsächlich innerlich gehört hat.

Da sprach der König von Israel zu Joschafat: „Hab ich Dir nicht gesagt, daß er mir nichts Gutes weissagt, sondern nur Unheil?"

Micha sprach: „Darum höre nun das Wort des HERRN! Ich sah den HERRN sitzen auf seinem Thron und das ganze himmlische Heer neben ihm stehen zu seiner Rechten und Linken. Und der HERR sprach: 'Wer will Ahab betören, daß er hinaufziehe und falle vor Ramot in Gilead?' Und einer sagte dies, der andere das. Da trat ein Geist vor und stellte sich vor den HERRN und sprach: 'Ich will ihn betören.' Der HERR sprach zu ihm: 'Womit?' Er sprach: 'Ich will ausgehen und will ein Lügengeist sein im Munde aller seiner Propheten.' Er sprach: 'Du sollst ihn betören und sollst es ausrichten; geh aus und tu das!' Nun siehe, der HERR hat einen Lügengeist gegeben in den Mund aller Deiner Propheten; und der HERR hat Unheil gegen Dich geredet."

Dieser „Geist", der vor Jahwe tritt, wird Satan gewesen sein, der damals zugleich die Funktion des Anwalts und des Verführers gehabt hat: Er prüfte die Standfestigkeit der Menschen, aber hilft ihnen anscheinend auch, wenn sie sich als standfest erwiesen haben.

Da trat herzu Zidkija, der Sohn Kenaanas, und schlug Micha auf die Backe und sprach: „Wie? Ist der Geist des HERRN von mir gewichen, daß er mit Dir redet?"

Entweder hat Jahwe den 400 Propheten oder aber eben Micha die Wahrheit gesagt, d.h. nur die 400 oder der eine können wirklich Kontakt zu Jahwe gehabt haben – schließlich haben beide etwas Gegensätzliches gesagt: Tod oder Sieg des Ahab.

Micha sprach: „Wahrlich, an dem Tage wirst Du's sehen, wenn Du von einer Kammer in die andere gehst, um Dich zu verkriechen."
Der König von Israel sprach: Nimm Micha und bring ihn zu Amon, dem Stadthauptmann, und zu Joasch, dem Sohn des Königs, und sprich: „So spricht der König: Diesen werft in den Kerker und speist ihn nur kärglich mit Brot und Wasser, bis ich mit Frieden wiederkomme."
Micha sprach: „Kommst Du mit Frieden wieder, so hat der HERR nicht durch mich geredet."
Und er sprach: „Höret, alle Völker!"
So zogen der König von Israel und Joschafat, der König von Juda, hinauf nach Ramot in Gilead.
Und der König von Israel sprach zu Joschafat: „Ich will mich verkleiden und in den Kampf ziehen, Du aber behalte Deine königlichen Kleider an." Und der König von Israel verkleidete sich und zog in den Kampf.
Aber der König von Aram gebot den Obersten über seine Wagen – es waren zweiunddreißig – und sprach: „Ihr sollt nicht kämpfen gegen Geringe und Hohe, sondern allein gegen den König von Israel."
Und als die Obersten der Wagen Joschafat sahen, meinten sie, er wäre der König von Israel, und wandten sich gegen ihn zum Kampf, aber Joschafat schrie. Als aber die Obersten der Wagen merkten, daß er nicht der König von Israel war, wandten sie sich von ihm ab.

Ein Mann aber spannte den Bogen von ungefähr und schoß den König von Israel zwischen Panzer und Wehrgehänge.

Hier hat sich die List des Ahab gegen ihn selber gewandt ...

Da sprach er zu seinem Wagenlenker: „Wende um und führe mich aus dem Kampf, denn ich bin verwundet!"
Aber der Kampf nahm immer mehr zu an demselben Tage, und der König blieb im Wagen stehen gegenüber den Aramäern. Am Abend aber starb er, und das Blut floß von der Wunde mitten in den Wagen.
Und man ließ ausrufen im Heer, als die Sonne unterging: „Ein jeder gehe in seine Stadt und in sein Land; denn der König ist tot!"
Und sie gingen nach Samaria und begruben den König zu Samaria. Und als sie den Wagen wuschen bei dem Teich Samarias, leckten die Hunde sein Blut – und die Huren wuschen sich darin – nach dem Wort des HERRN, das er geredet hatte.
Was mehr von Ahab zu sagen ist und alles, was er getan hat, und das Elfenbeinhaus, das er baute, und alle Städte, die er gebaut hat, siehe, das steht geschrieben in der Chronik der Könige von Israel.
Also legte sich Ahab zu seinen Vätern, und sein Sohn Ahasja wurde König an seiner statt.

14. Joschafat, König von Juda
(1. Buch Könige, Kapitel 22, 41-51)

Und Joschafat, der Sohn Asas, wurde König über Juda im vierten Jahr Ahabs, des Königs von Israel. Joschafat war fünfunddreißig Jahre alt, als er König wurde; und er regierte fünfundzwanzig Jahre zu Jerusalem. Seine Mutter hieß Asuba, eine Tochter Schilhis. Und er wandelte in allen Wegen seines Vaters Asa und wich nicht davon ab und tat, was dem HERRN wohlgefiel.
Doch entfernte er nicht die Höhen, und das Volk opferte und räucherte noch auf den Höhen.

Die „Höhen" sind die Ba'al-Kultstätten auf den Bergen. Ba'al wurde wie Jahwe u.a. auf Berggipfeln verehrt.

Und er hatte Frieden mit dem König von Israel.
Was aber mehr von Joschafat zu sagen ist und seine tapferen Taten, die er getan hat, und wie er Kriege geführt hat, siehe, das steht geschrieben in der Chronik der

Könige von Juda. Auch tat er aus dem Lande, was noch übrig war an Tempelhurern, die zur Zeit seines Vaters Asa übrig geblieben waren.

Mit „Tempelhurern" könnte allgemein „Verehrer des Ba'al und der Ascherea" gemeint sein, evtl. jedoch auch speziell der Kult, der heute meistens „Tempelprostitution" genannt wird und in dem durch sexuelle Rituale die Fruchtbarkeit der Felder und des Viehs gesichert wurde. Vermutlich ist jedoch einfach die Verehrung von „Götzen" gemeint.

Und es war kein König in Edom; ein Statthalter war im Lande. Und Joschafat hatte Tarsisschiffe machen lassen, die nach Ofir fahren sollten, um Gold zu holen. Aber sie fuhren nicht, denn sie zerschellten bei Ezjon-Geber.
Damals sprach Ahasja, der Sohn Ahabs, zu Joschafat: „Laß meine Leute mit Deinen Leuten auf den Schiffen fahren!"
Joschafat aber wollte nicht. Und Joschafat legte sich zu seinen Vätern und wurde begraben bei seinen Vätern in der Stadt Davids, seines Vaters. Und sein Sohn Joram wurde König an seiner statt.

15. König Ahasja und die Verehrung des Ba'al
(1. Buch Könige, Kapitel 22, 52-54)

Ahasja, der Sohn Ahabs, wurde König über Israel zu Samaria im siebzehnten Jahr Joschafats, des Königs von Juda, und regierte über Israel zwei Jahre. Und er tat, was dem HERRN mißfiel, und wandelte in den Wegen seines Vaters und seiner Mutter und in dem Wege Jerobeams, des Sohnes Nebats, der Israel sündigen machte, und diente dem Ba'al und betete ihn an und erzürnte den HERRN, den Gott Israels, wie sein Vater getan hatte.

Der Kampf gegen den Kult des Ba'al und der Aschera durchzieht als roter Faden die gesamte Geschichte des Elias und des Elisa.

16. Feuerzauber
(2. Buch Könige, Kapitel 1, 1-18)

Es fielen aber die Moabiter ab von Israel, als Ahab tot war. Und Ahasja fiel durch das Gitter in seinem Obergemach in Samaria und wurde krank.

Und er sandte Boten und sprach zu ihnen: „Geht hin und befragt Ba'al-Sebub, den Gott von Ekron, ob ich von dieser Krankheit genesen werde."

Ahasja Ahab-Sohn, der neue König von Israel, vertraute offenbar mehr dem Ba'al als dem Jahwe.

„Ba'al Sebub" bedeutet „Herr der Fliegenden", wobei mit den „Fliegenden" die Seelenvögel (Engel) gemeint sind. Dies ist eine Weiterentwicklung von „Ba'al Zebul", d.h. „erhabener Herr". Aus „Ba'al-Sebub" wurde schließlich der Teufelsnamen „Beelzebub".

Die Stadt Ekron lag an der Nordost-Grenze des Philister-Reiches – dort wo sich die Grenzen Israels, Judas und des Philsterreiches treffen.

Aber der Engel des HERRN redete mit Elia, dem Tischbiter: „Auf und geh den Boten des Königs von Samaria entgegen und sprich zu ihnen: Ist denn nun kein Gott in Israel, daß ihr hingeht, zu befragen Ba'al-Sebub, den Gott von Ekron? Darum, so spricht der HERR: Du sollst nicht mehr von dem Bett herunterkommen, auf das Du Dich gelegt hast, sondern sollst des Todes sterben."

Die Strafen für die Mißachtung des Jahwe sind hart.

Und Elia ging.

Und als die Boten zum König zurückkamen, sprach er zu ihnen: „Warum kommt ihr zurück?"

Sie sprachen zu ihm: „Es kam ein Mann herauf uns entgegen und sprach zu uns: Geht wieder hin zu dem König, der euch gesandt hat, und sprecht zu ihm: So spricht der HERR: Ist denn kein Gott in Israel, daß Du hinsendest, zu befragen Ba'al-Sebub, den Gott von Ekron? Darum sollst Du nicht mehr herunterkommen von dem Bett, auf das Du Dich gelegt hast, sondern sollst des Todes sterben."

Er sprach zu ihnen: „Was war das für ein Mann, der euch begegnete und das zu euch sagte?"

Sie sprachen zu ihm: „Er hatte einen Mantel aus Fell und einen Ledergurt um seine Lenden."

Dies scheint die typische Kleidung des Elias gewesen zu sein. Möglicherweise ist dies eine Form der Kleidung, die er sich in seinen Zeiten der Einsiedelei in der

Wildnis zugelegt hat.

Er aber sprach: „Es ist Elia, der Tischbiter.“
Und er sandte zu Elia einen Hauptmann über Fünfzig samt seinen fünfzig Mann. Und als der zu ihm hinaufkam, siehe, da saß er oben auf dem Berge.

Vermutlich ist Elias auf den Berg gestiegen, um nah bei Jahwe zu sein, d.h. er hat möglicherweise wieder dort gebetet und meditiert, um vollkommen einsgerichtet auf Jahwe zu sein.

Man kann weiterhin vermuten, daß er dort auch Propheten-Schüler unterrichtet hat.

Eine ähnliche Tradition gab es auch bei den Druiden, die ihre Druiden-Schüler auf den Hügelgräbern der Götter unterrichtet haben – insbesondere auf dem Hügelgrab des Sonnengott-Göttervaters Lug/Bel, der dem mesopotamischen Bel von seiner Funktion, seinem Charakter und seinem Namen her entsprach („Bel“ = „Ba'al“)

Er aber sprach zu ihm: „Du Mann Gottes, der König sagt: Du sollst herabkommen!“
Elia antwortete dem Hauptmann über Fünfzig: „Bin ich ein Mann Gottes, so falle Feuer vom Himmel und fresse Dich und Deine fünfzig Mann.“
Da fiel Feuer vom Himmel und fraß ihn und seine fünfzig Mann.

Dieser Beweis ist sowohl brutal als auch unnötig – der Hauptmann und sein Gefolge haben weder Elias noch Jahwe etwas angetan. Vermutlich greift hier wieder das Prinzip der Sippenhaft – für das, was der König getan hat, wird auch sein Heer bestraft.

Und der König sandte wiederum einen andern Hauptmann über Fünfzig zu ihm samt seinen fünfzig Mann.
Der kam zu ihm hinauf und sprach zu ihm: „Du Mann Gottes, so spricht der König: Komm eilends herab!“
Elia antwortete: „Bin ich ein Mann Gottes, so falle Feuer vom Himmel und fresse Dich und Deine fünfzig Mann.“
Da fiel das Feuer Gottes vom Himmel und fraß ihn und seine fünfzig Mann.

Der Vorteil, den Elias von diesen beiden Feuer-Flüchen hat, ist nicht einfach zu erkennen. Wollte er Ahasja Ahab-Sohn, dem neuen König von Israel, seine Macht demonstrieren? Ein anderer Effekt seiner Handlungsweise ist hier nicht erkennbar.

Auf jeden Fall kann man deutlich sehen, daß Elias bei vielem, was er getan hat, auf brutale Weise vorgegangen ist – siehe z.B. seine eigenhändige Ermordung der 400 Ba'al-Priester.

Da sandte der König wiederum den dritten Hauptmann über Fünfzig samt seinen fünfzig Mann.

Als der zu ihm hinaufkam, beugte er seine Knie vor Elia und flehte ihn an und sprach zu ihm: „Du Mann Gottes, laß mein Leben und das Leben Deiner Knechte, dieser fünfzig, vor Dir etwas gelten! Siehe, Feuer ist vom Himmel gefallen und hat die ersten zwei Hauptleute über Fünfzig mit ihren fünfzig Mann gefressen; nun aber laß mein Leben etwas gelten vor Dir."

Da sprach der Engel des HERRN zu Elia: „Geh mit ihm hinab und fürchte Dich nicht vor ihm!"

Möglicherweise ist die Furcht des Elias vor dem König Ahasja der Grund für das Verbrennen der beiden Gruppen von je 51 Männern, die der König zu ihm gesandt hat.

Der dritte Hauptmann versucht nicht wie die beiden ersten Hauptmänner, Elias zu befehlen, sondern er bittet ihn.

Da Jahwe hier durch seinen Engel zu Elias spricht und in anweist, den Hauptmann zu verschonen, ist es gut denkbar, daß Elias zuvor auf dieselbe Weise angewiesen worden ist, die beiden Hauptmänner mit ihren je 50 Männern zu verbrennen.

Und er machte sich auf und ging mit ihm hinab zum König.

Und er sprach zu ihm: „So spricht der HERR: Weil Du Boten hingesandt hast und hast befragen lassen Ba'al-Sebub, den Gott von Ekron, als wäre kein Gott in Israel, dessen Wort man erfragen könnte, so sollst Du von dem Bett nicht mehr herunterkommen, auf das Du Dich gelegt hast, sondern sollst des Todes sterben."

So starb Ahasja nach dem Wort des HERRN, das Elia geredet hatte. Und Joram wurde König an seiner statt im zweiten Jahr Jorams, des Sohnes Joschafats, des Königs von Juda; denn Ahasja hatte keinen Sohn.

Was aber mehr von Ahasja zu sagen ist, was er getan hat, siehe, das steht geschrieben in der Chronik der Könige von Israel.

17. Elias' Kraftübertragung an Elisa
(2. Buch Könige, Kapitel 2, 1-18)

Als aber der HERR Elia im Wettersturm gen Himmel holen wollte, gingen Elia und Elisa von Gilgal weg.

Über Elisa, den Schüler von Elias, ist seit seiner „Anwerbung" und „Mantel-Einweihung" durch Elias nichts mehr gesagt worden. Der Schüler blieb stets hinter dem

Meister verborgen. Das Folgende zeigt jedoch, daß Elisa viel von Elias gelernt hat.

Und Elia sprach zu Elisa: „Bleibe Du hier, denn der HERR hat mich nach Bethel gesandt.“
Elisa aber sprach: „So wahr der HERR lebt und Du lebst: Ich verlasse Dich nicht.“
Und als sie hinab nach Bethel kamen, gingen die Prophetenjünger, die in Bethel waren, heraus zu Elisa und sprachen zu ihm: „Weißt Du auch, daß der HERR heute Deinen Herrn hinwegnehmen wird, hoch über Dein Haupt hinweg?“
Er aber sprach: „Auch ich weiß es wohl; schweigt nur still.“

Es hat den Anschein, als ob alle Prophetenjünger einschließlich Elisa gewußt haben, daß Elias an diesem Tag in den Himmel entrückt werden wird. Waren sie alle so gute Propheten, daß sie das vorhergesehen haben, oder hat Elias ihnen dies gesagt?
Das „Entrücken in den Himmel“ ist auch über Christus, über etliche Yogis (insbesondere Mahasiddhis) und evtl. auch über Moses berichtet worden.

Und Elia sprach zu ihm: „Elisa, bleib Du hier, denn der HERR hat mich nach Jericho gesandt.“
Er aber sprach: „So wahr der HERR lebt und Du lebst: Ich verlasse Dich nicht.“
Und als sie nach Jericho kamen, traten die Prophetenjünger, die in Jericho waren, zu Elisa und sprachen zu ihm: „Weißt Du auch, daß der HERR heute Deinen Herrn hoch über Dein Haupt hinwegnehmen wird?“
Er aber sprach: „Auch ich weiß es wohl; schweigt nur still.“

Warum will Elias, daß Elisa zurückbleibt und warum nimmt er ihn dann trotzdem mit? Ist das eine Prüfung der Treue des Elisa zu Elias?

Und Elia sprach zu ihm: „Bleib Du hier, denn der HERR hat mich an den Jordan gesandt.
Er aber sprach: „So wahr der HERR lebt und Du lebst: Ich verlasse Dich nicht.“
Und so gingen die beiden miteinander.

Nach dem dritten Beharren des Elisa auf dem Begleiten seines Lehrers Elias ist Elias offenbar einverstanden.

Und fünfzig von den Prophetenjüngern gingen hin und standen von ferne; aber die beiden standen am Jordan.
Da nahm Elia seinen Mantel und wickelte ihn zusammen und schlug ins Wasser; das teilte sich nach beiden Seiten, sodaß die beiden auf trockenem Boden hinübergingen.

Dieses Wunder bzw. diese „fortgeschrittene Magie" entspricht der Teilung des Roten Meeres durch Moses. Die Teilung von Meeren und Flüssen scheint nur von den Juden bekannt zu sein. Ist das eine symbolische Jenseitsreise so wie das Ausgesetzt-werden von Moses als Säugling auf dem Nil oder von König Sargon von Akkad als Säugling auf dem Euphrat oder Sigurd/Sigurd auf einem skandinavischen Fluß?

Und als sie hinüberkamen, sprach Elia zu Elisa: „Bitte, was ich Dir tun soll, ehe ich von Dir genommen werde."

Elias weiß als Prophet, wann er sterben wird. Das ist auch von anderen Magiern, Yogis u.ä. bekannt.

Elisa sprach: „Daß mir zwei Anteile von Deinem Geiste zufallen."

Die Bedeutung der Formulierung „zwei Anteile" ist nicht ganz sicher. Es könnte der große Anteil am Erbe, der dem Erstgeborenen zusteht, gemeint sein, es könnten zwei Drittel des Anteils gemeint sein und evtl. auch noch ein anderes Maß, auch wenn die Deutung als „Erstlings-Anteil" am wahrscheinlichsten ist.

Mit „Dein Geist" ist die magische Kraft des Elias, seine Einsgerichtetheit, seine Verbindung zu Gott u.ä. gemeint.

Ähnliche Motive finden sich auch bei anderen Kraftübertragungen. So ist z.B. Petrus der „Haupterbe" von Christus. Bei den indischen-tibetischen Mahasiddhis wird manchmal gesagt, daß derjenige, der als erster eine bestimmte Einweihung von seinem Meister erhält, bei dieser Einweihung deutlich mehr erhält als alle anderen Schüler, die nach ihm diese Einweihung erhalten.

Auf jeden Fall werden die Fähigkeiten des Lehrers in fast allen Kulturen als etwas angesehen, was weitergegeben werden kann – wenn der Schüler ein geeignetes „Gefäß" dafür ist.

Er sprach: „Du hast Schweres erbeten. Doch wenn Du mich sehen wirst, wie ich von Dir genommen werde, so wird's geschehen; wenn nicht, so wird's nicht sein."

Elias ist sich nicht sicher, ob Elisa in der Lage ist, einen so großen „magischen Segen", also eine so umfassende Kraftübertragung anzunehmen und aufzunehmen.

Für einen Propheten passend, soll Elisa den Erfolg dieser Kraftübertragung an Elisa daran erkennen können, ob er sehen kann, wie Elias zum Himmel aufsteigt oder nicht. Wenn Elisa hellsichtig genug ist, um die Seele des Elias sehen zu können, wenn sie seinen Körper verläßt, ist er auch fähig, den Segen des Elias aufzunehmen.

Wenn es sich in dieser Szene nicht um die zum Himmel aufsteigende Seele des Elias handeln würde, sondern um seinen Leib, würde Elias vermutlich nicht das

„Sehen des Elias" als Merkmal für die gelungene Kraftübertragung genannt haben, denn jeder kann einen Sterben (optisch) sehen. Davon, daß der Leib des Elias bei seinem Tod unsichtbar wird oder sich auflöst, ist hier schließlich nicht die Rede. In dieser Szene ist daher sehr wahrscheinlich die Himmelfahrt der Seele, aber keine physische Himmelfahrt gemeint.

Die magische Wahrnehmungsfähigkeit des Elisa (Sehen der Seele des Elias) ist hier eng an die magischen Handlungsfähigkeit des Elisa (Erhalten der Kraft des Elias, mit der er Wunder tut) gekoppelt.

Ein Magier sollte seine Wahrnehmungsfähigkeit und seine Handlungsfähigkeit generell in etwa in gleichem Maße entwickeln – sonst sieht er viel, aber kann nicht handeln, oder er kann viel bewirken, aber weiß nicht, was er tut und ob das das Richtige ist.

Dieser Zusammenhang scheint auch schon damals bekannt gewesen zu sein.

Und als sie miteinander gingen und redeten, siehe, da kam ein feuriger Wagen mit feurigen Rossen, die schieden die beiden voneinander. Und Elia fuhr im Wettersturm gen Himmel.

Elisa aber sah es und schrie: „Mein Vater, mein Vater, Du Wagen Israels und seine Reiter!", und sah ihn nicht mehr.

Da faßte er seine Kleider, zerriß sie in zwei Stücke und hob den Mantel auf, der Elia entfallen war, und kehrte um und trat wieder an das Ufer des Jordans.

Mit diesem Mantel hat Elias zuvor die Wasser des Jordan geteilt und vermutlich ist es auch dieser Mantel gewesen, mit dem Elias den Elisa einst von seiner Feldarbeit geholt und zum Propheten geweiht hat.

Da gesagt wurde, daß Elias ein Fell als Umhang und einen Ledergürtel als Kleidung trug, könnte es sein, daß dieser Umhang eben dieses Fell gewesen ist. Das ist jedoch nur eine Vermutung.

Leider wird nicht gesagt, von welchem Tier dieses Fell stammt – es wäre denkbar, daß es das Panther- oder Löwenfell gewesen ist, das in der Jungsteinzeit und im frühen Königtum das Abzeichen der Schamanen gewesen ist.

Und er nahm den Mantel, der Elia entfallen war, und schlug ins Wasser und sprach: „Wo ist nun der HERR, der Gott Elias?", und schlug ins Wasser.
Da teilte es sich nach beiden Seiten, und Elisa ging hindurch.

Elisa hat die Seele des Elias zum Himmel aufsteigen sehen und hat folglich auch die magischen Fähigkeiten des Elias erhalten.

Und als das die Prophetenjünger sahen, die gegenüber bei Jericho waren, sprachen sie: „Der Geist Elias ruht auf Elisa.“

Und sie gingen ihm entgegen und fielen vor ihm nieder zur Erde und sprachen zu ihm: „Siehe, es sind unter Deinen Knechten fünfzig starke Männer, die laß gehen und Deinen Herrn suchen. Vielleicht hat ihn der Geist des H<small>ERRN</small> genommen und auf irgendeinen Berg oder in irgendein Tal geworfen.“

Er aber sprach: „Laßt sie nicht gehen!“

Diese Szene zeigt jedoch, daß es nach dem Tod des Elias keinen Leichnam gegeben hat – es handelt sich also wohl doch um eine physische Himmelfahrt.

Diese Szene zeigt noch etwas Interessantes: Es scheint des öfteren vorgekommen zu sein, daß Elias durch Jahwe an einen anderen Ort „teleportiert“ geworden zu sein scheint. Zumindestens läßt sich nur so erklären, daß die anderen Schüler des Elias eine solche „Teleportation“ für eine eine plausible Möglichkeit halten, warum Elias auf einmal verschwunden ist.

Aber sie nötigten ihn, bis er nachgab und sprach: „Laßt sie hingehen!“

Und sie sandten hin fünfzig Männer, und diese suchten Elia drei Tage; aber sie fanden ihn nicht.

Und sie kamen zu Elisa zurück, als er noch in Jericho war, und er sprach zu ihnen: „Sagte ich euch nicht, ihr solltet nicht hingehen?“

18. Elisas Quell-Reinigung
(2. Buch Könige, Kapitel 2, 19-22)

Und die Männer der Stadt sprachen zu Elisa: „Siehe, es ist gut wohnen in dieser Stadt, wie mein Herr sieht; aber es ist böses Wasser und das Land unfruchtbar.“

Er sprach: „Bringt mir her eine neue Schale und tut Salz hinein!“

Und sie brachten's ihm.

Da ging er hinaus zu der Wasserquelle und warf das Salz hinein und sprach: „So spricht der H<small>ERR</small>: Ich habe dies Wasser gesund gemacht; es sollen hinfort weder Tod noch Unfruchtbarkeit von ihm kommen.“

So wurde das Wasser gesund bis auf diesen Tag nach dem Wort Elisas, das er sprach.

Elisa besitzt nun die magische Kraft des Elias und kann daher wie sei verstorbener Lehrer „außergewöhnliche Magie“ ausüben, d.h. in christlichen Begriffen „Wunder tun“.

Der praktische Vorgang bei dieser „Heilung des Wasser“ ist eine Weihung: Es wird dem Wasser eine Substanz (Salz) hinzugefügt, die durch die dabei gesprochenen Worte eine heilende Wirkung auf das Wasser hat.

Dabei führt Elisa offenbar eine Invokation durch: Er muß sich innerlich an Jahwe gewendet und ihn um Hilfe gebeten haben, woraufhin Jahwe durch Elisa spricht und das Wasser segnet.

Es wäre interessant zu wissen, in welchem Zustand sich Elisa bei dem Sprechen dieser Worte befindet. Der Beschreibung dieser Szene und der schon früher angeführten ähnlichen Szenen in dem Leben des Elias zufolge scheint Elisa dabei bei vollem Bewußtsein zu sein und sozusagen „mit der Macht des Jahwe" zu sprechen, weil er sich innerlich mit ihm verbunden hat. Diese Vorgehensweise ist genau das, woraus eine eine erfolgreiche Invokation besteht.

19. Elisas Bären-Fluch
(2. Buch Könige, Kapitel 2, 23-25)

Und er ging hinauf nach Bethel.
Und als er den Weg hinanging, kamen kleine Knaben zur Stadt heraus und verspotteten ihn und sprachen zu ihm: „Kahlkopf, komm herauf! Kahlkopf, komm herauf!"

In Mesopotamien, in Ägypten, bei den Indogermanen und auch noch bei anderen Völkern haben sich die Schamanen und in ihrer Folge auch die Priester die Köpfe kahl scheren lassen. Dadurch zeigten sie, daß sie wie Totenschädel waren, d.h. daß sie den Kontakt zu den Toten und zu den Ahnen hatten.

Offensichtlich hat es diese Tradition auch in Israel gegeben. Die Leviten (Priester) wurden bei ihrer Weihe vollständig kahl geschoren. Man kann also, da die Propheten und die Leviten zur Zeit des Elias und des Elisa weitgehend identisch miteinander waren, davon ausgehen, daß die israelischen Propheten kahlköpfig gewesen sind.

Man konnte also in den bereits angeführten Berichten in den früheren Kapiteln des „Buchs der Könige" den Propheten Elias nicht nur an seinem Fell-Umhang und an seinem Ledergürtel erkennen (was ja ziemlich unspezifische Merkmals sind), sondern zusätzlich auch noch an seinem kahlgeschorenen Haupt.

Ein kahlköpfiger Mann mit einem Fell-Umhang, wobei es sich evtl. sogar um eine Panther- oder Löwenfell gehandelt hat, ist hingegen eine schon recht auffällige Gestalt, die man recht sicher erkennen konnte.

Und er wandte sich um, und als er sie sah, verfluchte er sie im Namen des HERRN. Da kamen zwei Bären aus dem Walde und zerrissen zweiundvierzig von den Kindern.

Die Strafe ist wieder einmal äußerst brutal und sie ist zudem eine wieder eine Sippen-Strafe.

Von dort ging er auf den Berg Karmel und kehrte von dort nach Samaria zurück.

Vermutlich hat Elisa auf dem Berg Karmel zu Jahwe gebetet und meditiert.

Der Karmel ist bis zur Zeit des Königs Ahab von Israel ein Kultort des Ba'al gewesen. Es ist dieser Berg gewesen, auf dem Elias den Wettstreit mit den 400 Priestern des Ba'al durchgeführt und sie anschließend alle getötet hat.

Es wäre also denkbar, daß Elisa auf diesem Berg auch Kontakt mit seinem Lehrer Elias aufgenommen hat – ähnlich wie 800 Jahre später Jesus auf einem Berg Kontakt mit Moses und Elias aufgenommen hat (siehe Kapitel 51 in diesem Buch).

20. Wasser-Magie und Kriegs-Magie
(2. Buch Könige, Kapitel 3, 1-27)

Joram, der Sohn Ahabs, wurde König über Israel zu Samaria im achtzehnten Jahr Joschafats, des Königs von Juda, und regierte zwölf Jahre. Und er tat, was dem HERRN mißfiel, doch nicht wie sein Vater und seine Mutter. Denn er entfernte das Steinmal Ba'als, das sein Vater machen ließ; aber er blieb hangen an den Sünden Jerobeams, des Sohnes Nebats, der Israel sündigen machte, und ließ nicht ab davon.

Mescha aber, der König der Moabiter, besaß viele Schafe und hatte dem König von Israel hunderttausend Lämmer und hunderttausend ungeschorene Widder zu entrichten. Als aber Ahab tot war, fiel der König der Moabiter ab vom König von Israel.

Und alsbald zog der König Joram aus von Samaria und bot ganz Israel auf und sandte hin zu Joschafat, dem König von Juda, und ließ ihm sagen: „Der König der Moabiter ist von mir abgefallen; komm mit mir, um gegen die Moabiter zu kämpfen!"

Er sprach: „Ich will kommen; ich bin wie Du und mein Volk wie Dein Volk und meine Rosse wie Deine Rosse."

Und Joram sprach: „Welchen Weg wollen wir hinaufziehen?"

Joschafat sprach: „Den Weg durch die Wüste Edom."

So zogen hin der König von Israel, der König von Juda und der König von Edom. Und als sie sieben Tagereisen weit gezogen waren, hatte das Heer und das Vieh, das bei ihnen war, kein Wasser.

Da sprach der König von Israel: „O weh! Der HERR hat diese drei Könige hergerufen, um sie in die Hand der Moabiter zu geben!"

Joschafat aber sprach: „Ist kein Prophet des HERRN hier, daß wir den HERRN durch ihn befragen?"

Da antwortete einer unter den Knechten des Königs von Israel und sprach: „Hier ist Elisa, der Sohn Schafats, der Elia Wasser auf die Hände goß."

„Wasser auf die Hände gießen" heißt, daß Elisa Elias Diener war, der ihm u.a. beim Händewaschen vorm Essen das Wasser auf die Hände goß.

Joschafat sprach: „Des HERRN Wort ist bei ihm."
So zogen zu ihm hinab der König von Israel und Joschafat und der König von Edom.
Elisa aber sprach zum König von Israel: „Was habe ich mit Dir zu schaffen? Geh hin zu den Propheten Deines Vaters und zu den Propheten Deiner Mutter!"
Der König von Israel sprach zu ihm: „Nicht doch! Denn der HERR hat diese drei Könige hergerufen, um sie in die Hand der Moabiter zu geben."
Elisa sprach: „So wahr der HERR Zebaoth lebt, vor dem ich stehe: Wenn ich nicht Joschafat, dem König von Juda, gewogen wäre, ich wollte Dich nicht ansehen noch achten. So bringt mir nun einen Spielmann!"
Und als der Spielmann auf den Saiten spielte, kam die Hand des HERRN auf Elisa, und er sprach: „So spricht der HERR: Macht hier und da Gruben in diesem Tal. Denn so spricht der HERR: Ihr werdet weder Wind noch Regen sehen; dennoch soll das Tal voll Wasser werden, daß ihr und eure Leute und euer Vieh trinken könnt. Und das ist noch ein Geringes vor dem HERRN; er wird auch die Moabiter in eure Hand geben, sodaß ihr wüst machen werdet alle festen Städte und alle auserwählten Städte und fällen alle guten Bäume und verstopfen alle Wasserbrunnen und alle guten Äcker mit Steinen verderben."

Das Harfenspiel als Hilfsmittel zum Erlangen einer Trance ist auch von den keltischen Druiden bekannt.
Die „Hand des Herrn" ist hier offenbar ein Bild, das den Kontakt des Elisa zu Jahwe beschreibt.

Am Morgen aber, zur Zeit, da man Speiseopfer opfert, siehe, da kam Wasser von Edom her und füllte das Land mit Wasser.
Da aber alle Moabiter hörten, daß die Könige heraufzogen, um gegen sie zu kämpfen, riefen sie alle auf, die zur Rüstung alt genug und darüber waren, und stellten sich an der Grenze auf. Und als sie sich früh am Morgen aufmachten und die Sonne aufging über dem Gewässer, schien den Moabitern das Gewässer in der Ferne rot zu sein wie Blut.
Und sie sprachen: „Das ist Blut! Die Könige haben sich mit dem Schwert umgebracht, und einer wird den andern erschlagen haben. Ha, Moab, mach Dich nun auf zur Beute!"

Aber als sie zum Lager Israels kamen, machte sich Israel auf und schlug die Moabiter, und sie flohen vor ihnen. Aber Israel jagte ihnen nach und schlug Moab. Die Städte zerstörten sie, und jeder warf einen Stein auf alle guten Äcker, und sie machten sie voll damit und verstopften alle Wasserbrunnen und fällten alle guten Bäume, bis nur Kir-Heres übrig blieb. Aber die Schleuderer umringten die Stadt und schossen auf sie.

Als aber der König der Moabiter sah, daß ihm der Kampf zu stark war, nahm er siebenhundert Mann mit sich, die das Schwert führten, um beim König von Edom durchzubrechen; aber sie konnten's nicht. Da nahm er seinen erstgeborenen Sohn, der an seiner statt König werden sollte, und opferte ihn zum Brandopfer auf der Mauer. Da kam ein großer Zorn über Israel, sodaß sie von ihm abzogen und in ihr Land zurückkehrten.

Das Opfer des erstgeborenen Sohnes ist auch von den Israeliten, von den Wikingern und noch einigen anderen Völkern bekannt.

Warum die Israeliten hier jedoch „ein großer Zorn überkam", ist nicht ganz klar. Hat dieses Sohnesopfer Wirkung gezeigt und hat der Gott der Moabiten die Israeliten vertrieben? Dann wäre jedoch „Angst" statt „Zorn" passender gewesen. Wenn es sich jedoch nicht um den Zorn der Israeliten handeln sollte, sondern um den Zorn des Gottes der Moabiter, wäre diese Textstelle wieder schlüssig.

Dieser Moabiter-Gott ist entweder der Hauptgott Kemosch, der auch als Vater des Moabiter-Königs angesehen worden ist, oder der Gott Ba'al, der Kemosch recht ähnlich ist.

21. Öl-Vermehrung
(2. Buch Könige, Kapitel 4, 1-7)

Und es schrie eine Frau unter den Frauen der Prophetenjünger zu Elisa und sprach: „Dein Knecht, mein Mann, ist gestorben; und Du weißt ja, daß Dein Knecht den HERRN fürchtete. Nun kommt der Schuldherr und will meine beiden Kinder nehmen zu leibeigenen Knechten."

Elisa sprach zu ihr: „Was soll ich Dir tun? Sage mir, was hast Du im Hause?"

Sie sprach: „Deine Magd hat nichts im Hause als einen Krug Öl."

Er sprach: „Geh hin und erbitte draußen von allen Deinen Nachbarinnen leere Gefäße, aber nicht zu wenig, und geh ins Haus und schließ die Tür zu hinter Dir und Deinen Söhnen und gieß in alle Gefäße; und wenn Du sie gefüllt hast, so stelle sie beiseite."

Sie ging hin und schloß die Tür zu hinter sich und ihren Söhnen; diese brachten ihr die Gefäße herbei, und sie goß ein.

Und als die Gefäße voll waren, sprach sie zu ihrem Sohn: „Reiche mir noch ein Gefäß her!"

Er sprach zu ihr: „Es ist kein Gefäß mehr hier. Da stand das Öl."

Und sie kam und sagte es dem Mann Gottes an.

Er sprach: „Geh hin, verkaufe das Öl und bezahle Deine Schulden; Du aber und Deine Söhne, nährt euch von dem Übrigen."

Dies ist eine Variante der Speisenvermehrung.

Es ist interessant, daß Elisa sagt, was geschehen wird, er kündet also das Wunder an. Das findet sich u.a. auch bei Christus, der Gott für die Wunder wie z.B. die Wiedererweckung des Lazarus dankt, bevor Gott das Wunder vollbringt. Auch Elisa hat in der Regel die Dinge vorhergesagt.

Hier zeigt sich entweder ein 100%-iges Gottesvertrauen oder die Fähigkeit, nicht nur in die Ferne, sondern auch in die Zukunft zu schauen. Schon der Name „Propheten" kennzeichnet Elisa, Elisa und seine Kollegen als Seher. Auch die Druiden der Kelten, die Seherinnen der Germanen und die Magier vieler anderer Völker konnten die Zukunft vorhersagen.

Es könnte sich hier daher auch um ein Gemisch aus dem vollkommenen Gottesvertrauen und einer großen Sicherheit in der Vorhersage der Zukunft handeln. Dies ist auch insofern plausibel, als daß das Gottvertrauen mit der Auflösung der Grenze zu Gott hin (die Elias als Sturm, Erdbeben und Feuer erlebt hat) und die Zukunftsschau mit der Auflösung der Grenze der Gegenwart zu tun hat. In beiden Fällen wird die Grenze des normalen Bewußtseins auf grundlegende Weise erweitert.

Es wäre daher nicht verwunderlich, wenn das Gottvertrauen und die Zukunftsschau eng miteinander gekoppelt wären – beide führen gewissermaßen in die Bewußtseinsseite des Raum/Zeit-Kontinuums, wenn man das hier einmal ein wenig abstrakter formulieren darf.

Sowohl das Gottvertrauen als auch die Zukunftsschau wären dann Zustände bzw. Fähigkeiten, die sich Jenseits des „Abgrundes" auf dem kabbalistischen Lebensbaum befinden. Dieser Bereich ist der abgrenzungslose Bereich, der Bereich der Gottheiten, der Bereich Gottes und den Erzengeln, der Bereich von Buddhas vier grenzenlosen Qualitäten (Gelassenheit, Mitgefühl Liebe, Freude), und auch die Sephirah „Da'ath" auf dem kabbalistischen Lebensbaum.

Die Bilder wechseln je nach der Religion, von der aus man diesen Bereich beschreibt – der Bereich selber und seine Eigenschaften sind jedoch immer dieselben.

Der Kontakt zu dem Bereich jenseits des Abgrundes ist auch die Grundlage für das Bewirken von Wundern, also von „außergewöhnlicher Magie".

Diese Betrachtung zeigt, daß die beiden Erklärungsmöglichkeiten „vollkommenes Gottvertrauen" (oder „Einsgerichtetheit auf Jahwe") und „sichere Zukunftsschau" eng miteinander verwandt sind und letztlich nicht wirklich zwei verschiedene Erklärungen, sondern nur zwei Aspekte derselben Erklärung für das Verhalten der Propheten der Israeliten sind.

22. Weissagung
(2. Buch Könige, Kapitel 4, 8-17)

Und es begab sich eines Tages, daß Elisa nach Schunem ging. Dort war eine reiche Frau; die nötigte ihn, daß er bei ihr aß. Und sooft er dort durchkam, kehrte er bei ihr ein und aß bei ihr.

Und sie sprach zu ihrem Mann: „Siehe, ich weiß, daß dies ein heiliger Mann Gottes ist, der immer hier durchkommt. Laß uns ihm eine kleine gemauerte Kammer oben machen und Bett, Tisch, Stuhl und Leuchter hinstellen, damit er dort einkehren kann, wenn er zu uns kommt."

Und es begab sich eines Tages, daß Elisa dort einkehrte und sich oben in die Kammer legte und darin schlief.

Danach sprach er zu seinem Diener Gehasi: „Ruf die Schunemiterin!"

Und als Gehasi sie rief, trat sie vor ihn.

Elisa aber sprach zu Gehasi: „Sage ihr: Siehe, Du hast uns all diesen Dienst getan; was soll ich Dir tun? Brauchst Du Fürsprache beim König oder beim Feldhauptmann?"

Sie sprach: „Ich wohne unter meinen Leuten."

Elisa sprach: „Was soll ich ihr dann tun?"

Gehasi sprach: „Ach, sie hat keinen Sohn, und ihr Mann ist alt."

Er sprach: „Ruf sie her!"

Und als er sie rief, trat sie in die Tür.

Und er sprach: „Um diese Zeit übers Jahr sollst Du einen Sohn herzen."

Sie sprach: „Ach nicht, mein Herr, Du Mann Gottes! Täusche Deine Magd nicht!"

Und die Frau ward schwanger und gebar einen Sohn um dieselbe Zeit übers Jahr, wie ihr Elisa zugesagt hatte.

Entweder hat Elisa der Frau die Schwangerschaft geweissagt oder hat die Schwangerschaft bewirkt – was wahrscheinlicher ist, da die Frau eine Schwangerschaft für unwahrscheinlich hält.

Solche „Fruchtbarkeitszauber" sind in der Überlieferung fast weltweit zu finden.

23. Erweckung von den Toten
(2. Buch Könige, Kapitel 4, 18-37)

Als aber das Kind groß wurde, begab es sich, daß es hinaus zu seinem Vater zu den Schnittern ging und sprach zu seinem Vater: „O mein Kopf, mein Kopf!"

Er sprach zu einem Knecht: „Bringe ihn zu seiner Mutter!"

Und der nahm ihn und brachte ihn hinein zu seiner Mutter. Und er saß auf ihrem Schoß bis zum Mittag, da starb er.

Und sie ging hinauf und legte ihn aufs Bett des Mannes Gottes, schloß hinter ihm zu und ging hinaus und rief ihren Mann und sprach: „Schicke mir einen der Knechte und eine Eselin; ich will eilends zu dem Mann Gottes und bald zurückkommen."

Er sprach: „Warum willst Du zu ihm? Ist doch heute weder Neumond noch Sabbat."

Sie sprach: „Es ist gut!"

Offensichtlich war es üblich, am Sabbat und am Neumond zu den Propheten zu gehen. Der Sabbat ist der „religiöse Tag" in der Woche – die Bedeutung des Neumonds ist nicht so klar. Astrologisch gesehen, ermöglicht er eine große Konzentration.

Und sie sattelte die Eselin und sprach zu ihrem Knecht: „Treib an und halte mich nicht auf beim Reiten, bis ich Dir's sage!"

So zog sie hin und kam zu dem Mann Gottes auf den Berg Karmel.

Als aber der Mann Gottes sie kommen sah, sprach er zu seinem Diener Gehasi: „Siehe, die Schunemiterin ist da! So lauf ihr nun entgegen und frage sie, ob es ihr, ihrem Mann und ihrem Sohn gut gehe."

Sie sprach: „Gut!"

Als sie aber zu dem Mann Gottes auf den Berg kam, umfing sie seine Füße; Gehasi aber trat herzu, um sie wegzustoßen.

Diese Szene zeigt, daß der Diener eines Propheten auch für den Schutz des Propheten gegen unerwünschte Bittsteller zuständig gewesen ist.

Aber der Mann Gottes sprach: „Laß sie, denn ihre Seele ist betrübt, und der HERR hat mir's verborgen und nicht kundgetan!"

Dies zeigt, daß die Propheten in manchen Fällen aus Eigeninitiative „schauen" und in anderen Fällen etwas ohne eigene Initiative von Jahwe gezeigt – oder eben nicht gezeigt – bekommen.

Sie sprach: „Wann hab ich einen Sohn erbeten von meinem Herrn? Sagte ich nicht, Du solltest mich nicht täuschen?"

Er sprach zu Gehasi: „Gürte Deine Lenden und nimm meinen Stab in Deine Hand und geh hin, und wenn Dir jemand begegnet, so grüße ihn nicht, und grüßt Dich jemand, so danke ihm nicht, und lege meinen Stab auf des Knaben Antlitz."

Das Schweigegebot dient vermutlich dazu, die Lebenskraft, die Elisa in seinen Stab gebannt hat, nicht zu zerstreuen, sondern sie auf den Sohn der Frau zu übertragen.

Der Stab eines Propheten oder eines Sehers ist ein Zauberstab. Ursprünglich ist dieser Stab eine Symbol des Weltenbaums gewesen, der der Weg in den Himmel zu den Ahnen, zu den Göttern und zu Gott ist. Aus dieser Symbolik ist auch der Name „Druide" entstanden, der „Eichen-Seher" bedeutet, wobei die „Eiche" hier der Weltenbaum ist. Diese Seherstab/Zauberstab-Symbolik ist weit verbreitet und hat viele verschiedene Erscheinungsformen.

Aber die Mutter des Knaben sprach: „So wahr der HERR lebt und so wahr Du lebst: Ich lasse nicht von Dir!"

Die Frau verlangt, daß Elisa selber zu ihrem toten Sohn geht.

Da machte er sich auf und ging ihr nach. Gehasi aber ging vor ihnen hin und legte den Stab dem Knaben aufs Antlitz: da war aber keine Stimme und kein Aufmerken.

Und er ging zurück Elisa entgegen und sagte ihm: „Der Knabe ist nicht aufgewacht."

Und als Elisa ins Haus kam, siehe, da lag der Knabe tot auf seinem Bett. Und er ging hinein und schloß die Tür hinter sich zu und betete zu dem HERRN und stieg aufs Bett und legte sich auf das Kind und legte seinen Mund auf des Kindes Mund und seine Augen auf dessen Augen und seine Hände auf dessen Hände und breitete sich so über ihn; da wurde des Kindes Leib warm.

Diese Szene sieht nach einer bewußten Lebenskraft-Übertragung aus.

Er aber stand wieder auf und ging im Haus einmal hierhin und dahin und stieg wieder aufs Bett und breitete sich über ihn.

Es hat den Anschein, als ob diese Pause dem Elisa dazu dienen würde, sich wieder mit Lebenskraft aufzuladen.

Dieselbe Methode, einen Toten zu erwecken, ist auch von Elias angewendet worden (siehe Kapitel 5). Das läßt darauf schließen, daß auch das Handwerk des Propheten systematisch erlernt worden ist und daß es für viele Dinge bestimmte Methoden gegeben hat. Es ist erstaunlich, daß es selbst für die Erweckung von Toten eine Methode gegeben hat. Das Magie/Wunder-Repertoire von Elias und Elisa und vermutlich noch weiterer Propheten ist offenbar nicht nur groß, sondern auch systematisch gewesen.

Da nieste der Knabe sieben Mal; danach tat der Knabe seine Augen auf.

Die Zahl „sieben" bezog sich damals in Mesopotamien und in dem gesamten Umland auf die sieben klassischen Planeten, die die „sieben Äste am Weltenbaum" und die „sieben Sprossen an der Himmelsleiter" waren. Von der Symbolik her bedeutet die „sieben" hier folglich, daß die Seele aus dem Himmel auf die Erde zurückkehrt.
Das Niesen selber ist vermutlich als eine „Befreiung des Atems" und somit als eine Rückkehr des Lebens zu verstehen.

Und Elisa rief Gehasi und sprach: „Ruf die Schunemiterin!"
Und als er sie rief, kam sie hinein zu ihm.
Er sprach: „Da, nimm hin Deinen Sohn!"
Da kam sie und fiel nieder zu seinen Füßen und neigte sich zur Erde und nahm ihren Sohn und ging hinaus.

24. Entgiften
(2. Buch Könige, Kapitel 4, 38-41)

Als aber Elisa wieder nach Gilgal kam, war Hungersnot im Lande.
Und als die Prophetenjünger vor ihm saßen, sprach er zu seinem Diener: „Setze einen großen Topf auf und koche ein Gemüse für die Prophetenjünger!"

Die Prophetenjünger lernen nun bei Elisa statt bei dessen Lehrer Elias.
Der Diener des Elisa scheint viele Aufgaben zu haben – hier muß er für eine vermutlich größere Anzahl an Propheten-Schüler kochen.

Da ging einer aufs Feld, um Kraut zu sammeln, und fand ein Rankengewächs und pflückte sein Kleid voll mit wilden Gurken. Und als er kam, schnitt er's in den Topf zum Gemüse – sie kannten's aber nicht – und legte es den Männern zum Essen vor.
Als sie nun von dem Gemüse aßen, schrien sie und sprachen: „O Mann Gottes, der Tod ist im Topf!"

Unter den Rankenpflanzen gibt es eine ganze Reihe von Giftpflanzen bzw. Pflanzen mit einer Wirkung auf die Psyche, die auch als Drogen verwendet werden.

Denn sie konnten's nicht essen.
Er aber sprach: „Bringt Mehl her!"
 Und er tat's in den Topf und sprach: „Lege es den Leuten vor, daß sie essen! Da war war nichts Böses mehr in dem Topf."

Das „Entgiften" ist ein häufiges Motiv in Mythen, Sagen, Heiligenlegenden, Wunderberichten, Magiegeschichten u.ä.

25.   Vermehrung von Speisen
(2. Buch Könige, Kapitel 4, 42-44)

Es kam aber ein Mann von Ba'al-Schalischa und brachte dem Mann Gottes Erstlingsbrot, nämlich zwanzig Gerstenbrote, und neues Getreide in seinem Beutel.
Er aber sprach: „Gib's den Leuten, daß sie essen!"
Sein Diener sprach: „Wie soll ich davon hundert Mann geben?"
Er sprach: „Gib den Leuten, daß sie essen! Denn so spricht der HERR: 'Man wird essen und es wird noch übrig bleiben.'"
 Und er legte es ihnen vor, daß sie aßen; und es blieb noch übrig nach dem Wort des HERRN.

Die Speise-Vermehrung ist eine jüdisch-christliche Magie-Spezialität, die auch von Elias und Christus bekannt und ebenso in einer Variante von Moses („Manna"), aber nicht aus anderen Kulturkreisen.
Der Grund für diese Besonderheit ist nicht bekannt.

26. Heilung
(2. Buch Könige, Kapitel 5, 1-19)

Naaman, der Feldhauptmann des Königs von Aram, war ein trefflicher Mann vor seinem Herrn und wert gehalten; denn durch ihn gab der HERR den Aramäern Sieg. Und er war ein gewaltiger Mann, jedoch aussätzig.
Aber die Kriegsleute der Aramäer waren ausgezogen und hatten ein junges Mädchen weggeführt aus dem Lande Israel; die war im Dienst der Frau Naamans.

Die sprach zu ihrer Herrin: „Ach, daß mein Herr wäre bei dem Propheten in Samaria! Der könnte ihn von seinem Aussatz befreien."

Da ging Naaman hinein zu seinem Herrn und sagte es ihm an und sprach: „So und so hat das Mädchen aus dem Lande Israel geredet."

Der König von Aram sprach: „So zieh hin, ich will dem König von Israel einen Brief schreiben."

Und er zog hin und nahm mit sich zehn Zentner Silber und sechstausend Schekel Gold und zehn Feierkleider und brachte den Brief dem König von Israel; der lautete: „Wenn dieser Brief zu Dir kommt, siehe, so wisse, ich habe meinen Knecht Naaman zu Dir gesandt, damit Du ihn von seinem Aussatz befreist."

Und als der König von Israel den Brief las, zerriß er seine Kleider und sprach: „Bin ich denn Gott, daß ich töten und lebendig machen könnte, daß er zu mir schickt, ich solle den Mann von seinem Aussatz befreien? Merkt und seht, wie er Streit mit mir sucht!"

Als Elisa, der Mann Gottes, hörte, daß der König von Israel seine Kleider zerrissen hatte, sandte er zu ihm und ließ ihm sagen: „Warum hast Du Deine Kleider zerrissen? Laß ihn zu mir kommen, damit er innewerde, daß ein Prophet in Israel ist."

So kam Naaman mit Rossen und Wagen und hielt vor der Tür am Hause Elisas.

Da sandte Elisa einen Boten zu ihm und ließ ihm sagen: „Geh hin und wasche Dich siebenmal im Jordan, so wird Dir Dein Fleisch wieder heil und Du wirst rein werden."

Auch hier sagt Elisa wieder, was getan werden muß, damit ein Wunder geschieht – d.h. hier findet sich wieder die Kombination aus Vorhersehen und Bewirken, die anscheinend für die damaligen Propheten typisch gewesen ist.

Aus der Sicht der Propheten ist dies natürlich etwas, was durch Jahwe geschieht: Er sagt dem Propheten, was der Bittsteller tun muß, um sein Problem durch ein Wunder zu lösen.

In diesen Fällen ist die Lebenskraft des Propheten beim Bewirken des Wunders offensichtlich nicht beteiligt – was auch in der sonstigen Überlieferungen über Wunder und „außergewöhnliche Magie" nicht der Fall ist. Diese Formen der Magie werden so gut wie immer aus einem Bewußtseinszustand heraus bewirkt, der eingerichtet, mühelos und voller Vertrauen auf eine Gottheit ist.

Da wurde Naaman zornig und zog weg und sprach: „Ich meinte, er selbst sollte zu mir herauskommen und hertreten und den Namen des HERRN, seines Gottes, anrufen und seine Hand über der Stelle bewegen und mich so von dem Aussatz befreien. Sind nicht die Flüsse von Damaskus, Abana und Parpar, besser als alle Wasser in Israel, sodaß ich mich in ihnen waschen und rein werden könnte?"

Und er wandte sich und zog weg im Zorn.

Naaman erwartet offensichtlich eine anderes Vorgehen bei der Heilung, also die Anwesenheit des Heilers, viele Worte, evtl. Gesten usw.

Da machten sich seine Diener an ihn heran, redeten mit ihm und sprachen: „Lieber Vater, wenn Dir der Prophet etwas Großes geboten hätte, würdest Du es nicht tun? Wie viel mehr, wenn er zu Dir sagt: Wasche Dich, so wirst Du rein!"

Da stieg er ab und tauchte unter im Jordan siebenmal, wie der Mann Gottes geboten hatte. Und sein Fleisch wurde wieder heil wie das Fleisch eines jungen Knaben, und er wurde rein.

Und er kehrte zurück zu dem Mann Gottes samt seinem ganzen Gefolge.

Und als er hinkam, trat er vor ihn und sprach: „Siehe, nun weiß ich, daß kein Gott ist in allen Landen außer in Israel; so nimm nun eine Segensgabe von Deinem Knecht."

Elisa aber sprach: „So wahr der HERR lebt, vor dem ich stehe: Ich nehme es nicht."

Und er nötigte ihn, daß er es nehme; aber er wollte nicht.

Da sprach Naaman: „Wenn nicht, so könnte doch Deinem Knecht gegeben werden von dieser Erde eine Last, so viel zwei Maultiere tragen! Denn Dein Knecht will nicht mehr andern Göttern Brandopfer und Schlachtopfer darbringen, sondern allein dem HERRN. Nur darin wolle der HERR Deinem Knecht gnädig sein: Wenn mein Herr in den Tempel Rimmons geht, um dort anzubeten, und er sich auf meinen Arm lehnt und ich auch anbeten muß, wenn er anbetet, im Tempel Rimmons, dann möge der HERR Deinem Knecht vergeben."

Er sprach zu ihm: „Zieh hin mit Frieden!"

Bedeutet „auf meinen Arm lehnen", daß der König schon alt ist? Da Ben-Hadad noch Kriege führen kann, ist diese Redewendung wohl eher allgemein als „dienen" zu verstehen.

27. Verfluchung
(2. Buch Könige, Kapitel 5, 19-27)

Und als er von ihm eine Strecke Weges fortgezogen war, dachte Gehasi, der Diener Elisas, des Mannes Gottes: „Siehe, mein Herr hat diesen Aramäer Naaman verschont, daß er nichts von ihm genommen hat, was er gebracht hat. So wahr der HERR lebt: Ich will ihm nachlaufen und mir etwas von ihm nehmen."

So jagte Gehasi dem Naaman nach.

Und als Naaman sah, daß er ihm nachlief, stieg er vom Wagen, ging ihm entgegen und sprach: „Steht alles gut?"

Er sprach: „Ja. Aber mein Herr hat mich gesandt und läßt Dir sagen: Siehe, jetzt sind zu mir gekommen vom Gebirge Ephraim zwei von den Prophetenjüngern. Gib ihnen doch einen Zentner Silber und zwei Feierkleider!"

Naaman sprach: „Nimm lieber zwei Zentner!"

Und er nötigte ihn und band zwei Zentner Silber in zwei Beutel und zwei Feierkleider und gab's seinen beiden Dienern; die trugen's vor ihm her. Und als Gehasi an den Hügel kam, nahm er's von ihren Händen und legte es beiseite im Hause und ließ die Männer gehen.

Er selbst aber ging hinein und trat vor seinen Herrn.

Und Elisa sprach zu ihm: „Woher, Gehasi?"

Er sprach: „Dein Knecht ist weder hierhin noch dorthin gegangen."

Er aber sprach zu ihm: „Ist nicht mein Herz mit Dir gegangen, als ein Mann sich umwandte von seinem Wagen Dir entgegen? Ist es an der Zeit, Silber und Kleider zu nehmen und Ölgärten und Weinberge, Schafe und Rinder, Knechte und Mägde? Aber der Aussatz Naamans wird Dir anhangen und Deinen Nachkommen allezeit."

Da ging Gehasi von ihm hinaus, aussätzig wie Schnee.

Auch hier ist die Strafe brutal und eine Sippenhaft, aber immerhin besteht ein Bezug zwischen der Tat und der Strafe für sie.

28.   Schwimmendes Eisen
(2. Buch Könige, Kapitel 6, 1-7)

Die Prophetenjünger sprachen zu Elisa: „Siehe, der Raum, wo wir vor Dir wohnen, ist uns zu eng. Laß uns an den Jordan gehen, und jeder von uns soll dort einen Stamm holen, damit wir uns eine Stätte bauen, wo wir wohnen können."

Er sprach: „Gehet hin!"

Und einer sprach: „Geh doch mit Deinen Knechten!"

Er sprach: „Ich will mitgehen."

Und er ging mit ihnen. Und als sie an den Jordan kamen, hieben sie Bäume um. Und als einer einen Stamm fällte, fiel ihm das Eisen ins Wasser.

Und er schrie: „O weh, mein Herr! Und dazu ist's noch entliehen!"

Aber der Mann Gottes sprach: „Wo ist's hingefallen?"

Und als er ihm die Stelle zeigte, schnitt er einen Stock ab und stieß dahin. Da schwamm das Eisen.

Und er sprach: „Heb's auf!"

Da streckte er seine Hand aus und nahm es.

Rein „magie-technisch" gesehen ist dieses Wunder eine Variante des Über-Wasser-Gehens, die von Christus und einigen Yogis/Mahasiddhis wie z.B. Naropa gut bekannt ist.

29. Telepathie
(2. Buch Könige, Kapitel 6, 8-11)

Und der König von Aram führte Krieg mit Israel und beriet sich mit seinen Obersten und sprach: „Da und da wollen wir uns lagern."

Aber der Mann Gottes sandte zum König von Israel und ließ ihm sagen: „Hüte Dich, daß Du nicht an diesem Ort vorüberziehst, denn die Aramäer lauern dort."

So sandte denn der König von Israel hin an den Ort, den ihm der Mann Gottes gesagt und vor dem er ihn gewarnt hatte, und war dort auf der Hut; und tat das nicht nur einmal oder zweimal.

Da wurde das Herz des Königs von Aram voller Unmut darüber, und er rief seine Obersten und sprach zu ihnen: „Wollt ihr mir denn nicht sagen, wer von den Unsern es mit dem König von Israel hält?"

König Aram vermutet einen Verräter unter seinen Leuten, der den Hinterhalt an den König von Israel verraten hat.

Da sprach einer seiner Obersten: „Nicht doch, mein Herr und König, sondern Elisa, der Prophet in Israel, sagt alles dem König von Israel, auch was Du in der Kammer redest, wo Dein Lager ist."

Er sprach: „So geht hin und seht, wo er ist, daß ich hinsende und ihn holen lasse."

Und sie sagten es ihm an und sprachen: „Siehe, er ist in Dotan."

Telepathie ist das Fundament eines jeden Sehers. Hinzu kommt jedoch noch die Fähigkeit, auch die relevanten Dinge „spontan" zu sehen, ohne die Aufmerksamkeit auf sie gelenkt zu haben.

Die Vorstufe dazu ist ein Effekt, der auftritt, wenn die Telepathie nach und nach durch Experimente und Übung zu einem normalen Bestandteil des Alltags geworden ist: Man spürt, wenn jemand an einen denkt oder etwas tut, was einen Bezug zu einem selber hat. Es ist allerdings noch ein Entwicklungsschritt von dem Bild, das man wahrnimmt, bis hin zum bewußten Erkennen, daß dieses Bild jetzt nicht aus der eigenen Phantasie stammt, sondern daß es sich gerade um die Wahrnehmung von etwas handelt, was ein anderer Mensch gerade will, sagt oder tut.

Dabei kann es sich um ganz banale Dinge handeln wie z.B. daß jemand die

Telefonnummer, die man ihm gegeben hat, vergißt. In einem solchen Fall macht man sich dann auf einmal ohne ersichtlichen Grund Gedanken über den Zettel mit dieser Telefonnummer und bekommt evtl. auch noch den Impuls, die betreffende Person, die gerade diesen Zettel sucht, anzurufen.

30. Vision
(2. Buch Könige, Kapitel 6, 11-17)

Da sandte er hin Rosse und Wagen und ein großes Heer. Und als sie bei Nacht hinkamen, umstellten sie die Stadt. Und der Diener des Mannes Gottes stand früh auf und trat heraus, und siehe, da lag ein Heer um die Stadt mit Rossen und Wagen.
Da sprach sein Diener zu ihm: „O weh, mein Herr! Was sollen wir nun tun?"
Er sprach: „Fürchte Dich nicht, denn derer sind mehr, die bei uns sind, als derer, die bei ihnen sind!"
Und Elisa betete und sprach: „HERR, öffne ihm die Augen, daß er sehe!"
Da öffnete der HERR dem Diener die Augen, und er sah, und siehe, da war der Berg voll feuriger Rosse und Wagen um Elisa her.

Dies sind die „feurigen Rosse und Wagen", die auch Elias in den Himmel gefahren haben. Es handelt sich hier offenbar um die „himmlischen Heerscharen". Die Wagen sind sicherlich keine schwerfälligen zweiachsigen Lasten-Wagen, sondern einachsigen Streitwagen.

Anscheinend werden die Propheten – zumindestens Elias und Elisa – ständig von den Engeln in diesen Wagen beschützt.

Es ist interessant, daß Elisa über die Möglichkeit verfügt, Gott darum zu bitten, dem Diener des Elisa für einen Augenblick die Augen für eine Vision zu öffnen.

31. Mit Blindheit schlagen
(2. Buch Könige, Kapitel 6, 18-23)

Und als die Aramäer zu ihm herabkamen, betete Elisa und sprach: „HERR, schlage dies Volk mit Blindheit!"
Und er schlug sie mit Blindheit nach dem Wort Elisas.

Das ist eine weiter verbreitete Form der Kriegs-Magie, die insbesondere bei den Germanen und bei den Kelten häufig vorkommt. Bei ihnen wird diese durch Magie bewirkte Blindheit außer als „Blindheit" auch als „Wolke", „Finsternis", „Nebel", „Schwärze" usw. beschrieben. Vor allem der „Druiden-Nebel" scheint ein Standard-Mittel in den Kämpfen der Kelten gewesen zu sein.

Und Elisa sprach zu ihnen: „Dies ist nicht der Weg und nicht die Stadt. Folgt mir nach! Ich will euch führen zu dem Mann, den ihr sucht."

Elisa bietet sich hier den Aramäern als Führer an.

Und er führte sie nach Samaria.
Und als sie nach Samaria kamen, sprach Elisa: „HERR, öffne diesen die Augen, daß sie sehen!"
Und der HERR öffnete ihnen die Augen, und sie sahen, und siehe, da waren sie mitten in Samaria.

Elisa kann den Blindheits-Fluch auch wieder gezielt auflösen. Das ist auch bei den Germanen und bei den Kelten der Fall.

Und als der König von Israel sie sah, sprach er zu Elisa: „Mein Vater, soll ich sie erschlagen?"
Er sprach: „Du sollst sie nicht erschlagen. Erschlägst Du denn die, die Du mit Schwert und Bogen gefangen hast? Setze ihnen Brot und Wasser vor, daß sie essen und trinken, und laß sie zu ihrem Herrn ziehen!"
Da wurde ein großes Mahl bereitet. Und als sie gegessen und getrunken hatten, ließ er sie gehen, daß sie zu ihrem Herrn zogen.
Seitdem kamen streifende Rotten der Aramäer nicht mehr ins Land Israel.

32. Vision
(2. Buch Könige, Kapitel 6, 24 - Kapitel 7, 20)

Danach begab es sich, daß Ben-Hadad, der König von Aram, sein ganzes Heer versammelte, und er zog herauf und belagerte Samaria. Und es war eine große Hungersnot in Samaria. Sie aber belagerten die Stadt, bis ein Eselskopf achtzig Silberstücke und eine Handvoll Taubenmist fünf Silberstücke galt.
Und als der König von Israel auf der Mauer einherging, schrie ihn eine Frau an und sprach: „Hilf mir, mein Herr und König!"
Er sprach: „Hilft Dir der HERR nicht, woher soll ich Dir helfen? Von der Tenne oder von der Kelter?"

Von der Tenne kommt das gedroschene Mehl und somit letztlich das Brot; aus dem Kelter kommt der Wein.

Und der König sprach zu ihr: „Was ist Dir?"
Sie sprach: „Diese Frau da sprach zu mir: Gib Deinen Sohn her, daß wir ihn heute essen; morgen wollen wir meinen Sohn essen. So haben wir meinen Sohn gekocht und gegessen. Und ich sprach zu ihr am nächsten Tage: Gib deinen Sohn her und laß uns ihn essen! Aber sie hat ihren Sohn versteckt."
Als der König die Worte der Frau hörte, zerriß er seine Kleider, während er auf der Mauer ging. Da sah alles Volk, daß er darunter den Sack auf seinem Leib trug.
Und er sprach: „Gott tue mir dies und das, wenn Elisa, der Sohn Schafats, heute seinen Kopf behält!"

Der König von Israel hält Elisa für den Schuldigen, d.h. er nimmt an, daß Elisa den König Ben-Hadad und das Heer der Aramäer nach Samaria geholt hat. Anscheinend geht er davon aus, daß Ben-Hadad Rache dafür sucht, daß Elisa ihn und sein Heer einige Zeit zuvor mit Blindheit geschlagen und nach Samaria geführt hat, wo er dann in der Hand des König von Israel war.

Ben-Hadad ist nicht gerade dankbar dafür, daß der König von Israel sein Leben und das Leben seines Heeres verschont hat. Und auch der König von Israel ist nicht gerde dankbar dafür, daß Elisa ihm einige Zeit zuvor das Leben gerettet hat. Sich als Prophet in die Politik und in den Krieg einzumischen, ist eine heikle Angelegenheit …

Elisa aber saß in seinem Hause, und die Ältesten saßen bei ihm. Und der König sandte einen Mann vor sich her.

Elisa befand sich zu dieser Zeit offenbar in einem Haus in der von den Aramäern belagerten Stadt Samaria.

Aber ehe der Bote zu ihm kam, sprach Elisa zu den Ältesten: „Habt ihr gesehen, wie dieser Mörder hergesandt hat, daß er mir das Haupt abschlage? Seht zu, wenn der Bote eintritt, daß ihr die Tür zuschließt und ihn mit der Tür wegstoßt. Hört man nicht schon das Geräusch der Tritte seines Herrn hinter ihm her?"
Als er noch so mit ihnen redete, siehe, da kam schon der König zu ihm hinab und sprach: „Siehe, dies Übel kommt von dem HERRN! Was soll ich noch von dem Herrn erwarten?"
Elisa aber sprach: „Hört des HERRN Wort! So spricht der HERR: Morgen um diese Zeit wird ein Maß feines Mehl einen Schekel gelten und zwei Maß Gerste einen Schekel im Tor von Samaria."

Das, was Elisa hier vorhersagt, erscheint völlig unmöglich, da die Stadt von den Aramäern belagert wird.

Da antwortete der Ritter, auf dessen Arm sich der König lehnte, dem Mann Gottes und sprach: „Und wenn der HERR Fenster am Himmel machte, wie könnte das geschehen?"

Auch hier gibt die Redewendung „auf den Arm eines anderen lehnen" am ehesten Sinn, wenn man sie als Umschreibung von „dienen" auffaßt.

Er sprach: „Siehe, mit Deinen Augen wirst Du es sehen, doch Du wirst nicht davon essen!"
Und es waren vier aussätzige Männer vor dem Tor, und einer sprach zum andern: „Was sollen wir hierbleiben, bis wir sterben? Wenn wir in die Stadt gehen wollten, so ist Hungersnot in der Stadt und wir müßten doch dort sterben. Bleiben wir aber hier, so müssen wir auch sterben. So laßt uns nun hingehen und zu dem Heer der Aramäer überlaufen. Lassen sie uns leben, so leben wir, töten sie uns, so sind wir tot."
Und sie machten sich in der Dämmerung auf, um zum Heer der Aramäer zu kommen. Und als sie vorn an das Lager kamen, siehe, da war niemand da.
Denn der Herr hatte die Aramäer hören lassen ein Getümmel von Rossen, Wagen und großer Heeresmacht, sodaß sie untereinander sprachen: „Siehe, der König von Israel hat gegen uns angeworben die Könige der Hethiter und die Könige der Ägypter, daß sie über uns kommen sollen."
Und sie machten sich auf und flohen in der Dämmerung und ließen ihre Zelte, Rosse und Esel im Lager, wie es stand, und flohen, um ihr Leben zu retten.

Jahwe hat die Aramäer durch eine „kollektive Halluzination" vertrieben. Hier gibt es wieder wenig Sinn zu fragen, ob Jahwe dem Elisa vorhergesagt hat, was er (Jahwe) sowieso zu tun vorhatte, oder ob durch Jahwe die Weissagung des Elisa zu dieser Handlung bewegt worden ist.

Man kann davon ausgehen, daß sich Elisa in einer „permanenten Invokation des Jahwe" befindet, also sozusagen ständig eins mit Jahwe ist, wodurch der Körper des Elias sozusagen zu einem „kleinen Finger" des Jahwe wird. Aus dieser Sicht macht es keinen Unterschied mehr, ob Jahwe oder Elisa etwas sagt und tut – beide sind fest miteinander verbunden, wobei Elisa natürlich dem Jahwe vollkommen untergeordnet ist.

Als nun die Aussätzigen an den Rand des Lagers kamen, gingen sie in eins der Zelte, aßen und tranken und nahmen Silber, Gold und Kleider und gingen hin und verbargen's und kamen wieder und gingen in ein anderes Zelt und nahmen daraus und gingen hin und verbargen's.

Aber einer sprach zum andern: „Laßt uns so nicht tun; dieser Tag ist ein Tag guter Botschaft. Wenn wir das verschweigen und warten, bis es lichter Morgen wird, so wird uns Schuld treffen. So laßt uns nun hingehen und es dem Hause des Königs ansagen."

Und da sie kamen, riefen sie die Torhüter der Stadt und sagten's ihnen an und sprachen: „Wir sind zum Lager der Aramäer gekommen, und siehe, da ist niemand mehr und keine Menschenstimme, sondern Rosse und Esel angebunden und die Zelte, wie sie dastehen."

Da riefen es die Torhüter aus, und man sagte es drinnen im Hause des Königs an.

Und der König stand noch in der Nacht auf und sprach zu seinen Obersten: „Laßt euch sagen, wie es die Aramäer mit uns machen. Sie wissen, daß wir Hunger leiden, und sind aus dem Lager gegangen, um sich im Felde zu verbergen, und denken: Wenn sie aus der Stadt gehen, wollen wir sie lebendig ergreifen und in die Stadt eindringen."

Da antwortete einer seiner Obersten: „Man nehme fünf Rosse von denen, die noch in der Stadt übrig geblieben sind – ihnen wird es ja doch gehen wie der ganzen Menge, die hier noch übrig geblieben oder schon dahin ist. Die laßt uns senden, um nachzusehen."

Da nahmen sie zwei Wagen mit Rossen, und der König sandte sie dem Heer der Aramäer nach und sprach: „Zieht hin und seht nach!"

Und als sie ihnen nachzogen bis an den Jordan, siehe, da lag der Weg voll von Kleidern und Geräten, die die Aramäer in der Eile von sich geworfen hatten. Und als die Boten zurückkamen und es dem König ansagten, ging das Volk hinaus und plünderte das Lager der Aramäer. Und es galt ein Maß feines Mehl einen Schekel und zwei Maß Gerste auch einen Schekel nach dem Wort des HERRN.

Aber der König bestellte den Ritter, auf dessen Arm er sich lehnte, in das Tor. Und das Volk zertrat ihn im Tor, sodaß er starb, wie der Mann Gottes gesagt hatte, als der König zu ihm hinabkam.

Sowohl der angekündigte Segen (Ende der Belagerung von Samaria) als auch der angekündigte Fluch (Tod des Ritters) sind in Erfüllung gegangen.

Und es geschah, wie der Mann Gottes dem König gesagt hatte, als er sprach: „Morgen um diese Zeit werden zwei Maß Gerste einen Schekel gelten und ein Maß feines Mehl einen Schekel im Tor von Samaria."

Und der Ritter hatte dem Mann Gottes geantwortet: „Und siehe, wenn der HERR Fenster am Himmel machte, wie könnte das geschehen?"

Elisa aber hatte gesprochen: „Siehe, mit Deinen Augen wirst Du es sehen, doch Du wirst nicht davon essen!"

Und genau so erging es ihm; denn das Volk zertrat ihn im Tor, daß er starb.

Elisa hatte dem Ritter wegen dessen Zweifel an der Vorhersage des Elisa gesagt „Siehe, mit Deinen Augen wirst Du es sehen, doch Du wirst nicht davon essen!" Daß der Grund dafür der Tod dieses Ritters in dem Massenansturm der Bewohner von Samaria auf die Nahrungsmittel in dem Lager der Aramäer sein würde, hat er nicht gesagt.

Bei diesen Vorhersagen, bei denen das eigentliche Ereignis (Tod des Ritters) nicht ausgesprochen wird, sondern nur seine Folgen (nichts davon essen), ist nicht klar, ob Elisa lediglich ausspricht, was Jahwe ihm eingibt, oder ob er auch bereits sehen kann, wie die Erfüllung seiner Worte zustande kommen wird.

33.   Gerechtigkeit
(2. Buch Könige, Kapitel 8, 1-6)

Elisa redete mit der Frau, deren Sohn er lebendig gemacht hatte, und sprach: „Mach Dich auf und zieh fort mit Deinem Hause und wohne in der Fremde, wo Du kannst; denn der HERR wird eine Hungersnot rufen, die wird ins Land kommen sieben Jahre lang."

Die Frau machte sich auf und tat, wie der Mann Gottes sagte, und zog hin mit ihrem Hause und wohnte im Land der Philister sieben Jahre. Als aber die sieben Jahre um waren, kam die Frau aus dem Land der Philister zurück. Und sie ging hin, den König anzurufen wegen ihres Hauses und ihres Ackers.

Der König aber redete mit Gehasi, dem Diener des Mannes Gottes, und sprach: „Erzähle mir alle großen Taten, die Elisa getan hat!"

Und während er dem König erzählte, daß er einen Toten lebendig gemacht hätte, siehe, da kam eben die Frau dazu, deren Sohn er lebendig gemacht hatte, und rief den König an wegen ihres Hauses und ihres Ackers.

Da sprach Gehasi: „Mein Herr und König, dies ist die Frau und dies ist ihr Sohn, den Elisa lebendig gemacht hat."

Dies ist eine der grundlegenden Formen der Magie: der „sinnvolle Zufall".

Und der König frug die Frau, und sie erzählte es ihm.

Da gab ihr der König einen Kämmerer mit und sprach: „Verschaffe ihr alles wieder, was ihr gehört, dazu allen Ertrag des Ackers seit der Zeit, da sie das Land verlassen hat, bis jetzt!"

34. Weissagung
(2. Buch Könige, Kapitel 8, 7-15)

Und Elisa kam nach Damaskus.

Da lag Ben-Hadad, der König von Aram, krank und man sagte ihm: „Der Mann Gottes ist hierhergekommen."

Da sprach der König zu Hasaël: „Nimm ein Geschenk mit Dir und geh dem Mann Gottes entgegen und befrage den HERRN durch ihn, ob ich von dieser Krankheit genesen könne."

Hasaël ging ihm entgegen und nahm ein Geschenk mit sich, allerlei kostbare Dinge von Damaskus, eine Last für vierzig Kamele.

Und als er hinkam, trat er vor Elisa und sprach: „Dein Sohn Ben-Hadad, der König von Aram, hat mich zu Dir gesandt und läßt Dir sagen: Kann ich von dieser Krankheit genesen?"

Elisa sprach zu ihm: „Geh hin und sage ihm: Du wirst genesen! – Aber der HERR hat mir gezeigt, daß er des Todes sterben wird."

Elisa fühlt sich offenbar nicht an das Gebot „Du sollst nicht lügen." gebunden. Er folgt ganz dem Gebot „Ich bin der Herr, Dein Gott." und ordnet sein gesamtes Wollen, Sprechen und Handeln ganz dem unter, was Jahwe ihm eingibt.

Und Hasaël schaute starr und lange vor sich hin, der Mann Gottes aber weinte.

Da sprach Hasaël: „Warum weint mein Herr?"

Er sprach: „Ich weiß, was Du den Israeliten Böses antun wirst: Du wirst ihre festen Städte mit Feuer verbrennen und ihre junge Mannschaft mit dem Schwert erschlagen und ihre jungen Kinder töten und ihre schwangeren Frauen aufschlitzen."

Hasaël sprach: „Was ist Dein Knecht, der Hund, daß er so große Dinge tun sollte?"

Elisa sprach: „Der HERR hat mir gezeigt, daß Du König über Aram sein wirst."

Elisa weissagt offensichtlich auch seinen Feinden. Sieht er immer, was die Zukunft der Menschen ist, die ihm begegnen? Oder gibt Jahwe ihm lediglich ab und zu das Wissen über die Zukunft ein, wenn er es für passend erachtet?

Da die Verbindung von Elisa zu Jahwe die „permanente Invokation" zu sein scheint, wird Elisa vermutlich ständig die Zukunft der Menschen, die ihm begegnet sind, gesehen haben.

Dieser Zustand ist auch ein fester Bestandteil der buddhistischen Weltanschauung, in der er „Allwissenheit" genannt wird.

Dieser Zustand findet sich auch auf dem kabbalistischen Lebensbaum in der Jupiter-Sphäre Chesed. Wenn man diesen inneren „Ort", also diesen Bewußtseinszustand erreicht hat, wird die Welt „durchsichtig", d.h. man kann überall hin schauen und sehen, was dort ist. Von diesem „Ort" aus, d.h. in diesem Bewußtseinszustand kann man auch seine früheren Leben erkennen. Dieser Bereich wird auch „Akasha-Chronik", „Schicksalsbuch" und ähnliches genannt.

Offensichtlich ist Elisa fest in diesem Bereich verankert.

Und er ging weg von Elisa und kam zu seinem Herrn.
Der sprach zu ihm: „Was sagte Dir Elisa?"
Er sprach: „Er sagte mir: Du wirst genesen."
Am andern Tage aber nahm er die Decke und tauchte sie in Wasser und breitete sie über des Königs Angesicht, sodaß er starb. Da wurde Hasaël König an seiner statt.

Man könnte die Prophezeiung über den bevorstehenden Tod des Ben-Hadad durch Elisa fast schon als Anstiftung zum Mord ansehen – allerdings hätte Hasaël auch einfach den Tod seines Königs abwarten können.

Hasaël hat die Decke zunächst in Wasser getaucht, da eine feuchte Decke im Gegensatz zu einer trockenen Decke kaum noch Luft durchläßt.

35. Kriege
(2. Buch Könige, Kapitel 8, 16-29)

Im fünften Jahr Jorams, des Sohnes Ahabs, des Königs von Israel, – Joschafat war noch König von Juda – wurde Joram, der Sohn Joschafats, König von Juda. Zweiunddreißig Jahre alt war er, als er König wurde, und er regierte acht Jahre zu Jerusalem und wandelte auf dem Wege der Könige von Israel, wie das Haus Ahab tat; denn Ahabs Tochter war seine Frau. Und er tat, was dem HERRN mißfiel. Aber der HERR wollte Juda nicht verderben um seines Knechtes David willen, wie er ihm zugesagt hatte, ihm eine Leuchte zu geben und seinen Söhnen immerdar.

Zu seiner Zeit fielen die Edomiter von Juda ab und setzten einen König über sich. Da zog Joram nach Zaïr und alle Wagen mit ihm, und er machte sich des Nachts auf und schlug die Edomiter, die ihn umringt hatten, dazu die Obersten über die Wagen, sodaß das Volk in seine Wohnungen floh. Doch blieben die Edomiter abtrünnig von Juda bis auf diesen Tag. Auch fiel zur selben Zeit Libna ab.

Was aber mehr von Joram zu sagen ist und alles, was er getan hat, siehe, das steht geschrieben in der Chronik der Könige von Juda. Und Joram legte sich zu seinen Vätern und wurde begraben bei seinen Vätern in der Stadt Davids. Und sein Sohn Ahasja wurde König an seiner statt.

Im zwölften Jahr Jorams, des Sohnes Ahabs, des Königs von Israel, wurde Ahasja, der Sohn Jorams, König von Juda. Zweiundzwanzig Jahre alt war Ahasja, als er König wurde; und er regierte ein Jahr zu Jerusalem. Seine Mutter hieß Atalja, eine Tochter Omris, des Königs von Israel. Und er wandelte auf dem Wege des Hauses Ahab und tat, was dem HERRN mißfiel, wie das Haus Ahab; denn er war verschwägert mit dem Hause Ahab.

Und er zog mit Joram, dem Sohn Ahabs, nach Ramot in Gilead in den Kampf gegen Hasaël, den König von Aram; aber die Aramäer verwundeten Joram. Da kehrte der König Joram zurück, um sich in Jesreel von den Wunden heilen zu lassen, die ihm die Aramäer in Rama geschlagen hatten, als er mit Hasaël, dem König von Aram, kämpfte. Und Ahasja, der Sohn Jorams, der König von Juda, kam hinab, um in Jesreel Joram, den Sohn Ahabs, zu besuchen; denn er lag krank.

36. Weissagung und Krönung
(2. Buch Könige, Kapitel 9, 1-37)

Aber der Prophet Elisa rief einen der Prophetenjünger und sprach zu ihm: „Gürte Deine Lenden und nimm diesen Ölkrug mit Dir und geh hin nach Ramot in Gilead. Und wenn Du dahin kommst, wirst Du dort Jehu sehen, den Sohn Joschafats, des Sohnes Nimschis. Und geh hinein und laß ihn aufstehen unter seinen Brüdern und führe ihn in die innerste Kammer und nimm den Krug mit Öl und gieß es auf sein Haupt und sprich: So sagt der HERR: 'Ich habe Dich zum König über Israel gesalbt!' – und dann sollst Du die Tür auftun und fliehen und nicht zögern. "

Wie schon im vorletzten Kapitel ist Elisa auch hier der „Königs-Macher". dies liegt daran, daß die damaligen Könige sich als „von Gott berufen" ansahen und die Propheten, Druiden, Seher, Magier, Weisen usw. diejenigen waren, die schon von ihrem Beruf her die Verbindung zu Gott innehatten.
   Diese Auffassung des Königtums zeigt sich noch in der deutschen Redewendung „König von Gottes Gnaden".

Und der Prophetenjünger ging hin nach Ramot in Gilead. Und als er hinkam, siehe, da saßen die Hauptleute des Heeres beisammen.
Und er sprach: „Ich habe Dir, Hauptmann, etwas zu sagen. "
Jehu sprach: „Wem von uns allen? "
Er sprach: „Dir, Hauptmann!"
Da stand er auf und ging ins Haus.
Er aber goß das Öl auf sein Haupt und sagte zu ihm: „So spricht der HERR, der Gott Israels: Ich habe Dich zum König gesalbt über das Volk des HERRN, über

Israel. Und Du sollst das Haus Ahabs, Deines Herrn, schlagen, daß ich das Blut meiner Knechte, der Propheten, und das Blut aller Knechte des HERRN räche, das die Hand Isebels vergossen hat, sodaß das ganze Haus Ahab umkomme. Und ich will von Ahab ausrotten, was an die Wand pißt, bis auf den letzten Mann in Israel, und will das Haus Ahab machen wie das Haus Jerobeams, des Sohnes Nebats, und wie das Haus Baschas, des Sohnes Ahijas. Und die Hunde sollen Isebel fressen auf dem Acker in Jesreel, und niemand soll sie begraben."

Und er tat die Tür auf und floh.

Und als Jehu herausging zu den Knechten seines Herrn, sprach man zu ihm: „Steht es gut? Warum ist dieser Rasende zu Dir gekommen?"

Er sprach zu ihnen: „Ihr kennt doch den Mann und sein Geschwätz."

Sie sprachen: „Das ist nicht wahr; sage es uns an!"

Er sprach: „So und so hat er mit mir geredet und gesagt: So spricht der HERR: Ich habe Dich zum König über Israel gesalbt."

Da nahm jeder eilends sein Kleid und legte es vor ihn hin auf die bloßen Stufen, und sie bliesen die Posaune und riefen: „Jehu ist König geworden!"

So machte Jehu, der Sohn Joschafats, des Sohnes Nimschis, gegen Joram eine Verschwörung.

Joram aber hatte mit ganz Israel vor Ramot in Gilead gelegen wider Hasaël, den König von Aram. Und der König Joram war zurückgekommen, um sich in Jesreel heilen zu lassen von den Wunden, die ihm die Aramäer geschlagen hatten, als er mit Hasaël kämpfte, dem König von Aram.

Und Jehu sprach: „Wenn ihr wollt, dann soll niemand aus der Stadt entrinnen, daß er hingehe und es ansage in Jesreel."

Und er stieg auf seinen Wagen und fuhr nach Jesreel, denn Joram lag dort. Und Ahasja, der König von Juda, war hinabgezogen, um Joram zu besuchen.

Aber der Wächter, der auf dem Turm in Jesreel stand, sah die Schar Jehus herankommen, und sprach: „Ich sehe eine Schar."

Da sprach Joram: „Nimm einen Reiter, den sende ihnen entgegen und laß ihn fragen: Ist's Friede?"

Und der Reiter ritt hin ihm entgegen und sprach: „So sagt der König: Ist's Friede?"

Jehu sprach: „Was geht Dich der Friede an? Wende um, folge mir!"

Der Wächter verkündete und sprach: „Der Bote ist bei ihnen angekommen und kommt nicht zurück."

Da sandte Joram einen zweiten Reiter.

Als der zu ihnen kam, sprach er: „So spricht der König: Ist's Friede?"

Jehu sprach: „Was geht Dich der Friede an? Wende um, folge mir!"

Das verkündete der Wächter und sprach: „Er ist bei ihnen angekommen und kommt nicht zurück. Und es ist ein Jagen wie das Jagen Jehus, des Sohnes Nimschis; denn er jagt, wie wenn er rasend wäre."

Da sprach Joram: „Spannt an!"

Und man spannte seinen Wagen an.

Und sie zogen aus, Joram, der König von Israel, und Ahasja, der König von Juda, jeder auf seinem Wagen, um Jehu entgegenzufahren; und sie trafen ihn auf dem Acker Nabots, des Jesreeliters.

Und als Joram Jehu sah, sprach er: „Jehu, ist's Friede?"

Er aber sprach: „Was, Friede? Deiner Mutter Isebel Abgötterei und ihre viele Zauberei haben noch kein Ende!"

Die Bekämpfung des Kultes des Ba'al und der Aschera sind das beständige Hintergrund-Thema in der gesamten Biographie des Elias und des Elisa.

Da wandte Joram um und floh und sprach zu Ahasja: „Verräterei, Ahasja!"

Aber Jehu faßte den Bogen und schoß Joram zwischen die Arme, daß der Pfeil durch sein Herz fuhr und er in seinem Wagen zusammenbrach.

Und Jehu sprach zu seinem Ritter Bidkar: „Nimm und wirf ihn auf den Acker Nabots, des Jesreeliters! Denn ich denke daran, wie Du mit mir auf einem Wagen seinem Vater Ahab nachfuhrst, als der HERR diese Last auf ihn legte: Fürwahr, spricht der HERR, ich will Dir das Blut Nabots und seiner Kinder, das ich gestern gesehen habe, vergelten auf diesem Acker, spricht der HERR. So nimm ihn nun und wirf ihn auf den Acker nach dem Wort des HERRN."

Als das Ahasja, der König von Juda, sah, floh er auf Bet-Gan zu.

Jehu aber jagte ihm nach und rief: „Auch ihn! Und sie schossen auf ihn auf dem Wagen an der Steige von Gur, die bei Jibleam liegt. Und er floh nach Megiddo und starb dort. Und seine Knechte brachten ihn nach Jerusalem und begruben ihn in seinem Grabe bei seinen Vätern in der Stadt Davids. Ahasja aber war König geworden über Juda im elften Jahr Jorams, des Sohnes Ahabs.

Und als Jehu nach Jesreel kam und Isebel das erfuhr, schminkte sie ihr Angesicht und schmückte ihr Haupt und schaute zum Fenster hinaus.

Und als Jehu unter das Tor kam, sprach sie: „Geht's gut, Du Simri, der seinen Herrn erschlug?"

Und er hob sein Angesicht auf zum Fenster und sprach: „Wer hält's hier mit mir?"

Da sahen zwei oder drei Kämmerer zu ihm heraus.

Er sprach: „Stürzt sie hinab! Und sie stürzten Isebel hinab, sodaß die Wand und die Rosse mit ihrem Blut besprengt wurden; und sie wurde zertreten.

Und als er hineinkam und gegessen und getrunken hatte, sprach er: „Seht doch nach der Verfluchten und begrabt sie; denn sie ist eines Königs Tochter!"

Als sie aber hingingen, sie zu begraben, fanden sie nichts von ihr als den Schädel und die Füße und ihre Hände. Und sie kamen zurück und sagten's Jehu an.

Er aber sprach: „Das ist's, was der HERR geredet hat durch seinen Knecht Elia, den Tischbiter, als er sprach: Auf dem Acker von Jesreel sollen die Hunde das Fleisch Isebels fressen, und der Leichnam Isebels soll wie Kot auf dem Felde sein im Gefilde von Jesreel, daß man nicht sagen könne: Das ist Isebel."

Die Vorhersage des Elisa hat lange gebraucht, bis sie erfüllt wurde, aber sie hat sich als wahr bestätigt.

37. Rache
(2. Buch Könige, Kapitel 10, 1-17)

Ahab aber hatte siebzig Söhne in Samaria.

Und Jehu schrieb Briefe und sandte sie nach Samaria, zu den Obersten der Stadt, zu den Ältesten und Vormündern der Söhne Ahabs; die lauteten: „Wenn dieser Brief zu euch kommt, bei denen eures Herrn Söhne sind und Wagen, Rosse, feste Städte und Rüstung, so seht, welcher der beste und geschickteste sei unter den Söhnen eures Herrn, und setzt ihn auf seines Vaters Thron und kämpft für eures Herrn Haus."

Sie aber fürchteten sich gar sehr und sprachen: „Siehe, zwei Könige konnten ihm nicht widerstehen; wie könnten wir ihm dann widerstehen?"

Und der Hofmeister und der Stadtvogt und die Ältesten und Vormünder sandten hin zu Jehu und ließen ihm sagen: „Wir sind Deine Knechte. Wir wollen alles tun, was Du uns sagst; wir wollen niemand zum König machen. Tu, was Dir gefällt."

Da schrieb er einen zweiten Brief an sie, der lautete: „Wenn ihr zu mir haltet und meiner Stimme gehorcht, so nehmt die Köpfe der Söhne eures Herrn und bringt sie zu mir morgen um diese Zeit nach Jesreel."

Es waren aber siebzig Söhne des Königs, und die Großen der Stadt erzogen sie. Als nun der Brief zu ihnen kam, nahmen sie des Königs Söhne und schlachteten sie ab, alle siebzig, und legten ihre Köpfe in Körbe und schickten sie zu Jehu nach Jesreel.

Und als der Bote kam und ihm sagte: „Sie haben die Köpfe der Söhne des Königs gebracht", sprach er: „Legt sie in zwei Haufen vor das Tor bis zum Morgen."

Und am Morgen, als er ausging, trat er hin und sprach zu allem Volk: „Ihr seid ohne Schuld. Siehe, ich habe gegen meinen Herrn eine Verschwörung gemacht und ihn getötet. Wer aber hat denn diese alle erschlagen? So erkennt denn, daß kein Wort des HERRN auf die Erde gefallen ist, das der HERR geredet hat gegen das Haus Ahab. Der HERR hat getan, wie er geredet hat durch seinen Knecht Elia."

Ein „Wort, das auf die Erde fällt" ist ein Befehl, der nicht befolgt wird, ein Wunsch, der nicht erfüllt wird, eine Weissagung, die sich nicht bewahrheitet, und ähnliches.

So erschlug Jehu alle Übriggebliebenen vom Hause Ahab in Jesreel, alle seine Großen, seine Verwandten und seine Priester, bis nicht ein Einziger übrig blieb.

Und Jehu machte sich auf, zog hin und kam nach Samaria.

Aber als er unterwegs nach Bet-Eked der Hirten kam, da traf Jehu die Brüder Ahasjas, des Königs von Juda, und sprach: „Wer seid ihr?"

Sie sprachen: „Wir sind Brüder Ahasjas und ziehen hinab, um die Söhne des Königs und die Söhne der Königinmutter zu grüßen."

Er aber sprach: „Ergreift sie lebendig!"

Und sie ergriffen sie lebendig und schlachteten sie ab bei dem Brunnen von Bet-Eked, zweiundvierzig Mann, und er ließ nicht einen Einzigen von ihnen übrig.

Und als er von dort weiterzog, traf er Jonadab, den Sohn Rechabs, der ihm begegnete.

Und er grüßte ihn und sprach zu ihm: „Ist Dein Herz aufrichtig gegen mich wie mein Herz gegen Dein Herz?"

Jonadab sprach: „Ja."

Da sprach Jehu: „Wenn es so ist, dann gib mir Deine Hand!"

Und Jonadab gab ihm seine Hand.

Und Jehu ließ ihn zu sich auf den Wagen steigen und sprach: „Komm mit mir und sieh meinen Eifer für den HERRN!"

Und er ließ ihn mit sich fahren auf seinem Wagen. Und als er nach Samaria kam, erschlug er alles, was übrig war von Ahab in Samaria, bis er sein Haus vertilgt hatte nach dem Wort des HERRN, das er zu Elia geredet hatte.

Die Grausamkeit der damaligen Kriegsführung und der Rache und auch des Prinzips der Sippenhaft sind schon heftig.

38. Tötung der Ba'al-Priester
(2. Buch Könige, Kapitel 10, 18 – Kapitel 11, 20)

Und Jehu versammelte alles Volk und ließ ihnen sagen: „Ahab hat Ba'al wenig gedient; Jehu will ihm besser dienen. So laßt nun zu mir rufen alle Propheten Ba'als, die in seinem Dienst stehen, und alle seine Priester, daß man niemand vermisse; denn ich habe ein großes Opfer dem Ba'al zu bringen. Wen man vermissen wird, der soll nicht am Leben bleiben."

Aber Jehu tat dies mit Hinterlist, um die Diener Ba'als umzubringen.

Auch hier wird das Gebot „Du sollst nicht lügen." wieder vollkommen mißachtet.

Und Jehu sprach: „Feiert dem Ba'al ein heiliges Fest!"

Und sie ließen es ausrufen. Auch sandte Jehu umher in ganz Israel und ließ alle Diener Ba'als kommen, daß niemand übrig war, der nicht gekommen wäre. Und sie gingen in das Haus Ba'als, daß das Haus Ba'als voll wurde an allen Enden.

Da sprach er zu dem, der über die Kleiderkammer gesetzt war: „Bring allen Dienern Ba'als Feierkleider heraus!"

Und er brachte ihnen die Kleider heraus.

Und Jehu ging in das Haus Ba'als mit Jonadab, dem Sohn Rechabs, und sprach zu den Dienern Ba'als: „Forscht und seht zu, daß hier nicht jemand unter euch sei von den Dienern des HERRN, sondern Ba'als Diener allein."

Und sie kamen hinein, um Schlachtopfer und Brandopfer darzubringen. Jehu aber stellte außen achtzig Mann auf und sprach: Wenn einer der Männer entrinnt, die ich in eure Hände gebe, so soll euer Leben für sein Leben sein!

Als er nun die Brandopfer vollendet hatte, sprach Jehu zu der Leibwache und den Rittern: „Geht hinein und erschlagt jedermann; laßt niemand entkommen!"

Und sie schlugen sie mit der Schärfe des Schwerts. Und die Leibwache und die Ritter warfen die Leichname hinaus und drangen in das Innere des Hauses Ba'als und brachten hinaus die Steinmale aus dem Hause Ba'als und verbrannten sie und zerbrachen das Steinmal des Ba'al samt dem Hause Ba'als und machten Stätten des Unrats daraus bis auf diesen Tag.

Die „Steinmale" werden die Statuen des Ba'al sein.

So vertilgte Jehu den Ba'al aus Israel; aber von den Sünden Jerobeams, des Sohnes Nebats, der Israel sündigen machte, ließ Jehu nicht ab, von den goldenen Kälbern in Bethel und in Dan.

Das „goldene Kalb" ist ein Symbol des wiedergeborenen Sonnengottes. Dies Art von Statue fand sich auch schon bei den Israeliten beim Auszug in Ägypten und rings um das gesamte Mittelmeer verbreitet.

In den damaligen Jenseitsvorstellungen verwandelte sich der Sonnengott (und auch die männlichen Toten) im Jenseits in ein männliches Herdentier (Stier, Hengst. Hirsch, Eber, Keiler, Widder, Ziegenbock), um sich zusammen mit der Jenseitsgöttin, die Gestalt des entsprechenden weiblichen Herdentiers annahm, wiederzuzeugen. Daraufhin wurde der Sonnengott (und der Tote) von der Göttin wiedergeboren und nahm die Gestalt eines Jungtieres der betreffenden Herdentier-Art an.

Aufgrund dieser Symbolik wurde auch später noch Christus als „Lamm Gottes", also als Wiedergeborener in der Gestalt eines Lammes aufgefaßt. Das bedeutet, daß Christus bei seiner Wiederzeugung ein Widder gewesen ist und die Jenseitsgöttin ein Schaf.

Diese Symbolik, die neben der Wiederzeugung im Jenseits und der darauffolgenden Wiedergeburt im Jenseits auch noch das Wiederstillen im Jenseits enthielt, war damals so selbstverständlich, daß man einen Wiedergeborenen eben als als Herden-Jungtier darstellte – den auferstandenen Christus also als Lamm.

Und der HERR sprach zu Jehu: „Weil Du willig gewesen bist, zu tun, was mir gefallen hat, und am Hause Ahab alles getan hast, was in meinem Herzen war, sollen Dir auf dem Thron Israels sitzen Deine Söhne bis ins vierte Glied."

Aber doch hielt Jehu nicht das Gesetz des HERRN, des Gottes Israels, daß er darin wandelte von ganzem Herzen; denn er ließ nicht ab von den Sünden Jerobeams, der Israel sündigen gemacht hatte.

Zur selben Zeit fing der HERR an, Stücke von Israel abzutrennen; denn Hasaël schlug sie im ganzen Gebiet Israels vom Jordan gegen Sonnenaufgang, das ganze Land Gilead, die Gaditer, Rubeniter und Manassiter, von Aroër an, das am Arnon liegt, Gilead und Baschan.

Was aber mehr von Jehu zu sagen ist und alles, was er getan hat, und alle seine tapferen Taten, siehe, das steht geschrieben in der Chronik der Könige von Israel. Und Jehu legte sich zu seinen Vätern, und sie begruben ihn zu Samaria. Und sein Sohn Joahas wurde König an seiner statt. Die Zeit aber, die Jehu über Israel regiert hat zu Samaria, sind achtundzwanzig Jahre.

Als aber Athalja, die Mutter Ahasjas, sah, daß ihr Sohn tot war, machte sie sich auf und brachte alle königlichen Nachkommen um.

Es ist damals ausgesprochen gefährlich gewesen, der Verwandte eines Königs zu sein. Die Ermordung der gesamten Königssippe sollte sicherstellen, daß kein Verwandter des verstorbenen Königs mehr einen Anspruch auf den Thron erheben konnte.

Aber Joscheba, die Tochter des Königs Joram, Ahasjas Schwester, nahm Joas, den Sohn Ahasjas, und stahl ihn weg aus der Mitte der Königssöhne, die getötet wurden, und brachte ihn samt seiner Amme in eine Schlafkammer; und sie verbargen ihn vor Athalja; und er wurde nicht getötet. Und er war sechs Jahre lang bei ihr im Haus des HERRN verborgen. Athalja aber herrschte über das Land.

Aber im siebten Jahr ließ Jojada die Obersten über die Hundertschaften der Karier und der Läufer holen und zu sich in das Haus des HERRN kommen; und er machte mit ihnen einen Bund und nahm einen Eid von ihnen im Haus des HERRN, und er zeigte ihnen den Sohn des Königs.

Und er gebot ihnen und sprach: „Das ist es, was ihr tun sollt: Der dritte Teil von euch, die ihr am Sabbat antretet, soll Wache halten im Haus des Königs; und ein Drittel am Tor Sur und ein Drittel am Tor hinter den Läufern; und ihr sollt Wache halten beim Haus zur Abwehr. Und die zwei anderen Abteilungen von euch, alle, die am Sabbat abtreten, sollen im Haus des HERRN um den König Wache halten. Und ihr sollt euch rings um den König scharen, jeder mit seinen Waffen in der Hand; wer aber in die Reihen eindringt, der soll getötet werden; und ihr sollt bei dem König sein, wenn er aus- und eingeht!"

Und die Obersten über die Hundertschaften taten alles, wie es ihnen der Priester Jojada geboten hatte; und sie nahmen jeder seine Männer, die am Sabbat antraten, samt denen, die am Sabbat abtraten, und kamen zu Jojada, dem Priester. Und der Priester gab den Obersten über die Hundertschaften die Speere und Schilde, die dem König David gehört hatten, und die im Haus des HERRN waren. Und die Leibwächter standen rings um den König her, jeder mit seinen Waffen in der Hand, von der rechten Seite des Hauses bis zur linken Seite des Hauses, bei dem Altar und bei dem Haus.

Und er führte den Sohn des Königs heraus und setzte ihm die Krone auf und gab ihm das Zeugnis; und sie machten ihn zum König und salbten ihn und klatschten in die Hände und sprachen: „Es lebe der König!"

Als aber Athalja das Geschrei der Leibwächter und des Volkes hörte, kam sie zu dem Volk in das Haus des HERRN. Und sie schaute, und siehe, da stand der König auf dem Podium, wie es Sitte war, und die Obersten und Trompeter bei dem König; und das ganze Volk des Landes war fröhlich und stieß in die Trompeten.

Da zerriß Athalja ihre Kleider und schrie: „Verrat! Verrat!"

Aber Jojada, der Priester, gebot den Obersten über die Hundertschaften, die über das Heer gesetzt waren, und sprach: „Führt sie hinaus, zwischen den Reihen hindurch, und wer ihr nachfolgt, der soll durch das Schwert sterben!"

Denn der Priester sprach: „Sie soll nicht im Haus des HERRN getötet werden!"

Und sie legten Hand an sie. Und sie ging durch den Eingang für die Pferde zum Haus des Königs und wurde dort getötet.

Und Jojada machte einen Bund zwischen dem HERRN und dem König und dem Volk, daß sie das Volk des HERRN sein sollten; ebenso zwischen dem König und dem Volk.

Da ging das ganze Volk des Landes zum Ba'als-Tempel und zerstörte ihn; seine Altäre und Bilder zertrümmerten sie gründlich, und sie töteten Mattan, den Ba'als-Priester, vor den Altären. Der Priester aber bestellte Wachen über das Haus des HERRN. Und er nahm die Obersten über die Hundertschaften und die Karier und die Leibwächter und das ganze Volk des Landes, und sie führten den König aus dem Haus des HERRN hinab, und sie kamen durch das Tor der Leibwächter in das Haus des Königs; und er setzte sich auf den Thron der Könige. Und das ganze Volk des Landes freute sich, und die Stadt hatte Ruhe. Athalja aber hatten sie mit dem Schwert getötet beim Haus des Königs.

39. Ausbesserung des Tempels
(2. Buch Könige, Kapitel 12, 1-22)

Joas war sieben Jahre alt, als er König wurde. Im siebten Jahr Jehus wurde Joas König, und er regierte 40 Jahre lang in Jerusalem. Und der Name seiner Mutter war Zibja, von Beerscheba. Und Joas tat, was recht war in den Augen des HERRN, solange ihn der Priester Jojada unterwies.

Nur die Höhen kamen nicht weg; das Volk opferte und räucherte noch auf den Höhen.

Die „Höhen" beziehen sich wie schon in einen früheren Kapitel wieder auf die Kultstätten des Ba'al.

Und Joas sprach zu den Priestern: „Alles Geld der Weihegaben, das in das Haus des HERRN gebracht wird: das Geld jedes Gemusterten, das Geld der Seelen, das jeder nach seiner Schätzung gibt, auch alles Geld, das jemand freiwillig ins Haus des HERRN bringt, das sollen die Priester zu sich nehmen, jeder von seinen Bekannten; davon sollen sie die Schäden am Haus ausbessern; alles, was dort an Schäden gefunden wird!

Als aber die Priester im dreiundzwanzigsten Jahr des Königs Joas die Schäden am Haus noch nicht ausgebessert hatten, da berief der König den Priester Jojada und die übrigen Priester und sprach zu ihnen: „Warum bessert ihr die Schäden am Haus nicht aus? So sollt ihr nun das Geld nicht mehr nehmen von euren Bekannten, sondern sollt es für die Ausbesserung des Hauses geben!"

Und die Priester waren damit einverstanden, daß sie von dem Volk kein Geld mehr nehmen sollten und auch die Ausbesserung des Hauses nicht mehr zu besorgen brauchten.

Da nahm Jojada, der Priester, eine Lade und bohrte ein Loch in ihren Deckel, und er stellte sie zur rechten Hand neben den Altar, wenn man in das Haus des HERRN geht. Und die Priester, welche die Schwelle hüteten, legten alles Geld hinein, das zum Haus des HERRN gebracht wurde.

Wenn sie dann sahen, daß viel Geld in der Lade war, dann kamen die Schreiber des Königs und der Hohepriester herauf und banden das Geld zusammen und zählten, was im Haus des HERRN gefunden wurde. Und man gab das abgewogene Geld denen, die die Arbeit verrichteten, die über das Haus des HERRN bestellt waren; die zahlten es aus an die Zimmerleute und Bauleute, die am Haus des HERRN arbeiteten, und an die Maurer und Steinmetze, und um Holz und behauene Steine zu kaufen, um damit die Schäden am Haus des HERRN auszubessern, und für alle übrigen Ausgaben zur Ausbesserung des Hauses.

Doch ließ man für das Haus des HERRN keine silbernen Schalen, Messer,

Sprengschalen, Trompeten, noch irgend ein goldenes oder silbernes Gerät von dem Geld machen, das in das Haus des HERRN gebracht worden war, sondern man gab es den Arbeitern, daß sie damit das Haus des HERRN ausbesserten. Sie rechneten auch nicht ab mit den Männern, in deren Hand man das Geld gab, um es den Arbeitern auszuzahlen, denn sie handelten treu. Das Geld von Schuldopfern aber und das Geld von Sündopfern wurde nicht in das Haus des HERRN gebracht, denn es gehörte den Priestern.

Zu der Zeit zog Hasaël, der König von Aram, hinauf und kämpfte gegen Gat und eroberte es. Und als Hasaël Miene machte, gegen Jerusalem hinaufzuziehen, da nahm Joas, der König von Juda, alles, was geheiligt war, was seine Väter Josaphat, Joram und Ahasja, die Könige von Juda, geheiligt hatten, und was er selbst geheiligt hatte, dazu alles Gold, das man in den Schätzen im Haus des HERRN und im Haus des Königs vorfand, und sandte es Hasaël, dem König von Aram. Da zog er ab von Jerusalem.

Was aber mehr von Joas zu sagen ist, und alles, was er getan hat, ist das nicht geschrieben im Buch der Chronik der Könige von Juda?

Und seine Knechte erhoben sich und machten eine Verschwörung und erschlugen Joas im Haus des Millo, wo man nach Silla hinabgeht. Denn Josachar, der Sohn Simeats, und Jehosabad, der Sohn Somers, seine Knechte, erschlugen ihn, und er starb; und man begrub ihn bei seinen Vätern in der Stadt Davids; und Amazja, sein Sohn, wurde König an seiner Stelle.

40. Der Kult der Aschera
(2. Buch Könige, Kapitel 13, 1-9)

Im dreiundzwanzigsten Jahr des Joas, des Sohnes Ahasjas, des Königs von Juda, wurde Joahas, der Sohn Jehus, König über Israel in Samaria, und er herrschte 17 Jahre lang. Und er tat, was böse war in den Augen des HERRN, und wandelte in den Sünden Jerobeams, des Sohnes Nebats, der Israel zur Sünde verführt hatte, und ließ nicht ab davon. Deswegen entbrannte der Zorn des HERRN über Israel, und er gab sie in die Hand Hasaël, des Königs von Aram, und in die Hand Ben-Hadads, des Sohnes des Hasaël, die ganze Zeit hindurch.

Hasaël hat seinen Sohn nach seinem früheren Herrn und König, den er ermordet hat, benannt – aber diese Namensgebung ist vermutlich lange vor diesem Mord geschehen.

Aber Joahas besänftigte das Angesicht des HERRN, und der HERR erhörte ihn; denn *er sah die Bedrängnis Israels, wie der König von Aram sie bedrängte. Und der HERR gab Israel einen Retter, und sie kamen aus der Hand der Aramäer heraus, und die Kinder Israels wohnten in ihren Zelten wie zuvor.*

Dennoch ließen sie nicht von den Sünden, zu denen das Haus Jerobeams Israel verführt hatte, sondern wandelten darin. Auch blieb das Aschera-Standbild in Samaria stehen. Von dem Kriegsvolk ließ der HERR dem Joahas nicht mehr übrig als 50 Reiter, 10 Streitwagen und 10 000 Mann Fußvolk; denn der König von Aram hatte sie vertilgt und sie gemacht wie Staub beim Dreschen.

Was aber mehr von Joahas zu sagen ist, und alles, was er getan hat, und seine großen Taten, ist das nicht geschrieben im Buch der Chronik der Könige von Israel? Und Joahas legte sich zu seinen Vätern, und man begrub ihn in Samaria. Und Joas, sein Sohn, wurde König an seiner Stelle.

41. Der Kult anderer Götter
(2. Buch Könige, Kapitel 13, 10-13)

Im siebenunddreißigsten Jahr des Königs Joas von Juda wurde Joas, der Sohn des Joahas, König über Israel in Samaria, und er herrschte 16 Jahre lang. Und er tat, was böse war in den Augen des HERRN, und ließ nicht ab von allen Sünden, zu denen Jerobeam, der Sohn Nebats, Israel verführt hatte, sondern wandelte darin.

Hier wird wieder der Kult des Ba'al und der Schera gemeint sein.

Was aber mehr von Joas zu sagen ist und was er getan hat, und seine großen Taten, wie er mit Amazja, dem König von Juda, kämpfte, ist das nicht geschrieben im Buch der Chronik der Könige von Israel?

Und Joas legte sich zu seinen Vätern, und Jerobeam setzte sich auf seinen Thron. Und Joas wurde in Samaria begraben bei den Königen von Israel.

42. Kriegszauber
(2. Buch Könige, Kapitel 13, 14-19)

Elisa aber wurde von der Krankheit befallen, an der er sterben sollte.

Und Joas, der König von Israel, kam zu ihm hinab, weinte vor ihm und sprach: „O mein Vater, mein Vater! Der Wagen Israels und seine Reiter!"

Auf dieselbe Weise hat auch Elisa seinen Lehrer Elias vor dessen Tod angesprochen. Die Formulierung „Wagen Israels und seine Reiter" soll vermutlich ausdrücken, daß der so Beizeichnete der Schutz des Königreiches Israels ist – wie Israels Streitwagen-Heer und Reiter-Heer.

Elisa aber sprach zu ihm: „Nimm einen Bogen und Pfeile!"
Und er holte ihm einen Bogen und Pfeile.
Und Elisa sprach zum König von Israel: „Spanne mit Deiner Hand den Bogen!"
Und er spannte ihn mit seiner Hand.
Und Elisa legte seine Hände auf die Hände des Königs, und er sprach: „Mache das Fenster nach Osten auf!"
Und er machte es auf.
Und Elisa sprach: „Schieß!"
Und er schoß.
Er aber sprach: „Ein Pfeil der Rettung vom HERRN, ein Pfeil der Rettung gegen die Aramäer! Du wirst die Aramäer schlagen bei Aphek, bis sie aufgerieben sind!"

Hier ist wieder die kombinierte Weissagung und Bewirkung zu sehen.

Und er sprach: „Nimm die Pfeile!"
Und als der sie nahm, sprach er zum König von Israel: „Schlage auf die Erde! Da schlug er dreimal und hielt inne."
Da wurde der Mann Gottes zornig über ihn und sprach: „Wenn Du fünf- oder sechsmal geschlagen hättest, dann hättest Du die Aramäer bis zur Vernichtung geschlagen; nun aber wirst Du die Aramäer nur dreimal schlagen!"

Die Wirkung der „Gottes-Magie" des Elisa hängt auch von dem Engagement des Königs ab. Das bedeutet, daß auch die Weissagung in Grenzen durch das Engagement des Königs modifiziert worden ist.

43. Der Tod des Elisa
(2. Buch Könige, Kapitel 13, 20)

Und Elisa starb und wurde begraben.

Hier wird nicht berichtet, ob Elisa seine magische Kraft bzw. seine Gott-Verbundenheit an einen seiner Schüler weitergegeben hat.

44.   Erweckung eines Toten durch den toten Elisa
(2. Buch Könige, Kapitel 13, 20-21)

Im folgenden Jahr aber fielen die Streifscharen der Moabiter ins Land. Und es geschah, als man einen Mann begrub, da sahen sie plötzlich die Streifschar kommen; und sie warfen den Mann in das Grab Elisas. Und sobald der Mann hinabkam und die Gebeine Elisas berührte, wurde er lebendig und stellte sich aufrecht auf seine Füße.

Elisa kann selbst als Toter noch einen Toten zum Leben erwecken …

45.   Heilung
(Lukas, 4, 27)

Und viele Aussätzige waren in Israel zu des Propheten Elisa Zeiten; und deren keiner wurde gereinigt denn allein Naeman aus Syrien.

46.   Ankündigung der Wiedergeburt des Elias
(Maleachi, 3, 22-24)

(Jahwe:) *„Gedenkt an das Gesetz meines Knechtes Mose, das ich ihm befohlen habe auf dem Berge Horeb für ganz Israel, an alle Gebote und Rechte! Siehe, ich will euch senden den Propheten Elia, ehe der große und schreckliche Tag des Herrn kommt. Der soll das Herz der Väter bekehren zu den Kindern und das Herz der Kinder zu ihren Vätern, auf daß ich nicht komme und das Erdreich mit dem Bann schlage.“*

Offenbar war der Ruf des Elias in Israel derartig groß, daß man ihn sich am ehesten als Retter in der Not vorstellen konnte.

47.   Johannes ist der wiedergeborene Elias
(Lukas, 1, 11-20)

Da erschien ihm der Engel des Herrn, der stand an der rechten Seite des Räucheraltars. Und als Zacharias ihn sah, erschrak er, und Furcht überfiel ihn.

Aber der Engel sprach zu ihm: „Fürchte Dich nicht, Zacharias, denn Dein Gebet ist erhört, und Deine Frau Elisabeth wird Dir einen Sohn gebären, dem sollst Du den Namen Johannes geben. Und Du wirst Freude und Wonne haben, und viele werden sich über seine Geburt freuen. Denn er wird groß sein vor dem Herrn; Wein und starkes Getränk wird er nicht trinken und wird schon von Mutterleib an erfüllt werden mit dem Heiligen Geist. Und er wird viele der Israeliten zu dem Herrn, ihrem Gott, bekehren. Und er wird vor ihm hergehen im Geist und in der Kraft des Elia, zu bekehren die Herzen der Väter zu den Kindern und die Ungehorsamen zu der Klugheit der Gerechten, zuzurichten dem Herrn ein Volk, das wohl vorbereitet ist.“

Der Sohn des Zacharias soll „die Kraft des Elias“ haben. Das ist letztlich nur eine Umschreibung dafür, daß der Sohn des Zacharias der wiedergeborene Elias ist.

Und Zacharias sprach zu dem Engel: „Woran soll ich das erkennen? Denn ich bin alt und meine Frau ist hochbetagt.“

Der Engel antwortete und sprach zu ihm: „Ich bin Gabriel, der vor Gott steht, und bin gesandt, mit Dir zu reden und Dir dies zu verkündigen. Und siehe, Du wirst verstummen und nicht reden können bis zu dem Tag, an dem dies geschehen wird, weil Du meinen Worten nicht geglaubt hast, die erfüllt werden sollen zu ihrer Zeit.“

Derartige Ankündigungen von unmöglich scheinenden Schwangerschaften und Geburten finden sich in vielen Religionen und Mythologien, zu denen auch Christi Jungfrau-Geburt gehört.

48.   Johannes und Elias
(Johannes, 1, 19-23)

Und dies ist das Zeugnis des Johannes, als die Juden zu ihm sandten aus Jerusalem Priester und Leviten, daß sie ihn fragten: „Wer bist Du?“

Und er bekannte und leugnete nicht, und er bekannte: „Ich bin nicht der Christus.“

Und sie frugen ihn: „Was dann? Bist Du Elia?“

Er sprach: „Ich bin's nicht.“

„Bist Du der Prophet?“

Und er antwortete: „Nein.“

Da sprachen sie zu ihm: „Wer bist Du dann?, daß wir Antwort geben denen, die uns gesandt haben. Was sagst Du von Dir selbst?“

Er sprach: „Ich bin die Stimme eines Predigers in der Wüste: Ebnet den Weg des Herrn!“, wie der Prophet Jesaja gesagt hat.

Hier sagt Johannes, der Sohn des Zacharias, von sich selber, daß er nicht der wiedergeborene Elias ist.

49.   Jesus – der wiedergeborene Elias
(Markus, 8, 27-29)

Und Jesus ging fort mit seinen Jüngern in die Dörfer bei Cäsarea Philippi.

Und auf dem Wege fragte er seine Jünger und sprach zu ihnen: „Wer, sagen die Leute, daß ich sei?“

Sie antworteten ihm: „Einige sagen, Du seist Johannes der Täufer; einige sagen, Du seist Elia; andere, Du seist einer der Propheten.“

Und er frug sie: „Ihr aber, wer, sagt ihr, daß ich sei?“

Da antwortete Petrus und sprach zu ihm: „Du bist der Christus!“

Und er gebot ihnen, daß sie niemandem von ihm sagen sollten.

Die Israeliten frugen sich, ob Jesus der wiedergeborene Elias sei oder der wiedergeborene Johannes der Täufer, den sie ebenfalls für den wiedergeborenen Elias gehalten haben.

Offensichtlich wurde bei jedem, der wie Elias Wunder tun, also „außergewöhnliche Magie“ bewirken konnte, vermutet, daß er des wiedergeboren Elias war.

50.   Johannes und Elias
(Matthäus, 11, 11-14)

(Christus:) *„Wahrlich, ich sage euch: Unter allen, die von einer Frau geboren sind, ist keiner aufgetreten, der größer ist als Johannes der Täufer; der aber der Kleinste ist im Himmelreich, ist größer als er. Aber von den Tagen Johannes des Täufers bis heute leidet das Himmelreich Gewalt, und die Gewalt tun, reißen es an sich. Denn alle Propheten und das Gesetz haben geweissagt bis hin zu Johannes; und wenn ihr's annehmen wollt: Er ist Elia, der da kommen soll.“*

Jesus hält Johannes den Täufer, der auch Jesus im Jordan getauft hat, für die von Maleachi angekündigte Wiedergeburt des Elias.

Jesus hat von Johannes bei der Taufe einen Segen erhalten. Da die Taufe eine symbolische Jenseitsreise in die Wasserunterwelt ist, hat Johannes durch die Taufe des Jesus dessen Verbindung zu Gott hergestellt. Das würde man in Indien und Tibet eine „Kraftübertragung" nennen. Johannes der Täufer ist somit der Lehrer und Guru des Christus.

Leider ist nicht bekannt, wie Johannes selber zu seinen Fähigkeiten kam, also ob er auch von einem Propheten, Leviten o.ä. eingeweiht worden ist. Falls dies der Fall sein sollte – was wahrscheinlich ist, da sein Vater Zacharias ein Priester gewesen ist – würde die Übertragungslinie wie folgt aussehen: Moses → Joshua → ... → Elias → Elisa → ... → Zacharias → Johannes → Jesus → Petrus → Päpste.

Moses als der Begründer dieser Übertragungslinie würde in Indien der „Adi-Guru" des Elias, des Elisa und von Jesus genannt werden. Allerdings geht diese Übertragungslinie noch weiter zurück zu den Ägyptern, bei denen Moses gelernt hat.

51.   Moses, Elias und Jesus
(Matthäus, 17, 1-13)

Sechs Tage danach nahm Jesus Petrus, Jakobus und dessen Bruder Johannes beiseite und führte sie auf einen hohen Berg.

Der Berggipfel ist noch immer der Ort, an dem man am einfachsten mit Gott Kontakt aufnehmen kann.

Und er wurde vor ihren Augen verwandelt; sein Gesicht leuchtete wie die Sonne und seine Kleider wurden blendend weiß wie das Licht. Da erschienen plötzlich vor ihren Augen Mose und Elija und redeten mit Jesus.

Hier invoziert Jesus die beiden wichtigsten Propheten aus seiner Übertragungslinie und beginnt daher in weißem Licht zu erstrahlen. Sie erscheinen in dieser Vision so real, daß er mit ihnen reden kann.

Und Petrus sagte zu ihm: „Herr, es ist gut, daß wir hier sind. Wenn Du willst, werde ich hier drei Hütten bauen, eine für Dich, eine für Mose und eine für Elija."

Offenbar waren die Erscheinungen des Moses und des Elias derart real, daß die Jünger ihnen eine Wohnhütte bauen wollten.

Noch während er redete, warf eine leuchtende Wolke ihren Schatten auf sie und aus der Wolke rief eine Stimme: „Das ist mein geliebter Sohn, an dem ich Gefallen gefunden habe; auf ihn sollt ihr hören."

Jahwe in der Wolke ist der eigentliche Ursprung dieser Übertragungslinie.

Die Wolke ist ein Bild dafür, daß Gott selber immer formlos und daher „verhüllt" bleibt, aber zum anderen ist die „leuchtende Wolke" auch ein typische Vision auf dem kabbalistischen Lebensbaum, in der die Neptun-Sephirah Chokmah als „Lichtsturm" erlebt wird, den man gut auch als „leuchtende Wolken" umschreiben kann. Die Essenz von Chokmah ist zudem „die Begegnung mit Gott von Angesicht zu Angesicht" – was genau der Situation auf diesem Berg entspricht.

Auch die Reihenfolge der Ereignisse „auf den Berg steigen – Übertragungslinie aktivieren – Vision Gottes" entspricht genau dem, was man auch aufgrund von heutigen Erlebnissen bei Gebeten, bei Meditationen und auf Traumreisen erwarten sollte.

Als die Jünger das hörten, bekamen sie große Angst und warfen sich mit dem Gesicht zu Boden.
Da trat Jesus zu ihnen, faßte sie an und sagte: „Steht auf, habt keine Angst!"
Und als sie aufblickten, sahen sie nur noch Jesus.
Während sie den Berg hinabstiegen, gebot ihnen Jesus: „Erzählt niemand von dem, was ihr gesehen habt, bis der Menschensohn von den Toten auferstanden ist."
Da frugen ihn die Jünger: „Warum sagen denn die Schriftgelehrten, zuerst müsse Elija kommen?"
Er gab zur Antwort: „Ja, Elija kommt und er wird alles wiederherstellen. Ich sage euch aber: Elija ist schon gekommen, doch sie haben ihn nicht erkannt, sondern mit ihm gemacht, was sie wollten. Ebenso wird auch der Menschensohn durch sie leiden müssen."

„Sie haben mit ihm gemacht, was sie wollten" bedeutet, daß sie ihn getötet haben.

Da verstanden die Jünger, daß er von Johannes dem Täufer sprach.

52. Elias im Koran
(Koran, Sure 6, 85)

Den Zacharias, Johannes, Jesus und Elias haben wir rechtgeleitet – jeder von ihnen gehört zu den Rechtschaffenen.

Diese vier sind im Koran die vier letzten Propheten vor dem Propheten Mohammed.

53. Elias im Islam
(Koran, Sure 37, 123-132)

(Allah:) *„Auch Elias war wirklich einer der von Gott Gesandten. Als er zu seinen Leuten sagte: 'Wollt ihr denn nicht gottesfürchtig sein? Wollt ihr denn zu Ba'al beten und dafür den besten Schöpfer, den man sich denken kann, aufgeben, den einen Gott, euren Herrn und den Herrn eurer Vorväter?' Da ziehen sie ihn der Lüge. […] Und wir hinterließen ihm als Vermächtnis unter den späteren Generationen den Segenswunsch: 'Heil sei mit Elias!' So vergelten wir denen, die fromm sind. Er ist einer von unseren gläubigen Dienern."*

Selbst nach so langer Zeit erscheint noch immer Ba'al als der Gott, der anstelle von Jahwe, Gott Vater und Allah verehrt wird …

54. Elisa im Islam
(Al-An', 6, 86)

Und Ismael und Alyasa (Elisa) *und Yunus und Lut – und allen, denen wir in der Welt Gnade erwiesen haben.*

55. Elisa im Islam
(Sad 38, 48)

Und erinnert euch unserer Diener Ismael, Alyasa (Elisa) *und Dhul-Kifl, die alle wahrlich gut waren.*

III Zusammenfassung

Im Folgenden werden Elias und Elisa miteinander und mit einigen anderen Gestalten aus der Bibel wie Moses, Aaron und Christus verglichen und die Ergebnisse dann jeweils zusammengefaßt.

In manchen Übersichten steht ein „x" – das bedeutet „einmal". Entsprechen hat z.B. „xxx" die Bedeutung „dreimal".

Aussehen u.ä.		
Was?	**Wer?**	
	Elias	*Elisa*
landlos	sehr oft	oft
Kahlkopf		x
Stab		x
Fell-Mantel	x	
Ledergürtel	x	
hat einen Diener	x	x
hat Schüler	x	x

Man kann sich die Propheten zu der Zeit von Elias und Elisa als umherwandernde (landlose) Männer mit kahlgeschorenem Haupt einem Fell-Mantel (Pantherfell? Löwenfell?), einem Ledergürtel und einem Stab vorstellen.

Der kahlgeschorene Kopf soll sehr wahrscheinlich wie bei allen anderen umliegenden Völkern von den Ägyptern bis hin zu den Kelten einen Totenschädel symbolisieren. Der Totenschädel ist wiederum eine Assoziation zu den Toten im Jenseits, zu denen der Schamane den Kontakt herstellt – so wie dann später die Priester (Israel: die Leviten) den Kontakt zu den Göttern und zu Gott im Jenseits hergestellt haben.

In der Biographie des Elisa wird deutlich, daß der Stab tatsächlich ein „Zauberstab", d.h. ein Symbol des Weltenbaumes und somit der Verbindung zu Gott ist, da Elisa ihn benutzt, um einen Toten zu erwecken und um Eisen schwimmen zu lassen.

Die Propheten – zumindestens Elias und Elisa – hatten zeitweise einen Diener und auch mehrere Propheten-Schüler.

Einsamkeit, Berg, Höhle				
Was?	**Wer?**			
	Moses	**Elias**	**Elisa**	**Christus**
geht in Einsamkeit	x	xx		mehrfach
auf Berg		oft	oft	x

Der Berggipfel ist in der gesamten jüdisch-christlichen Tradition der Ort, an dem man Gott im Himmel begegnen kann. Diese Himmelsweg-Symbolik findet sich auch in Mesopotamien, bei den Indogermanen (Götterberg) und bei vielen anderen Völkern. Auch die Stufenpyramiden in Mesopotamien und in Mittelamerika haben diese Symbolik.

Die Propheten ziehen sich alleine auf den Berggipfel zurück, wenn sie mit Gott sprechen wollen.

Visionen			
Was?	**Wer?**		
	Moses	**Elias**	**Christus**
erlebt Sturm, Erdbeben und Feuer, als Gott kommt		x	
Gott kommt in Wolke	x	x	x
Jahwe bestimmt dem Elias den Elisa zum Schüler		x	

Bevor Gott dem Elias erscheint, erlebt er einen Sturm, ein Erdbeben und ein Feuer. Dies entspricht vermutlich dem „Abgrund" auf dem kabbalistischen Lebensbaum, der den Übergang vom Diesseits zum Jenseits darstellt.

Gott erscheint auf dem Berggipfel als leuchtende Wolke, aus der heraus seine Stimme zu Moses, zu Elias und zu Christus und den drei Jüngern bei ihm spricht. Seine Stimme ist wie ein „sanftes Sausen". Gott erschien den Israeliten beim Auszug aus Ägypten ebenfalls als Wolkensäule. Dies ist in der Kabbala die „Vision Gottes von Angesicht zu Angesicht", die auch auf Traumreisen als ein Lichtsturm oder als leuchtende Wolke erlebt werden kann.

Weissagung						
Was?	*Wer?*					
	Elias	*Elisa*	*Micha*	*Propheten*	*König*	*Christus*
Gott spricht zu ihm	oft	oft	x	x	x	x
hört Engel des Herrn	oft	oft				
Telepathie	x	x				xxx
Zukunft sehen		oft				
Zukunft sehen und Rat geben		x				
Schüler wissen den Tod ihres Lehrers im Voraus	x					
400 Propheten erkennen nicht, daß sie nicht Jahwe, sondern einen Lügengeist hören				x		xxxx

Telepathie und Weissagungen gehören zum Standard-Repertoire eines Propheten. Er verkündet das, was Gott oder seine Engel ihm sagen, was sich oft auf die Zukunft bezieht und daher eine Kombination aus Weissagung und einer Erschaffens-Magie ist.

Meistens kommen diese „Botschaften von oben" ungefragt, manchmal jedoch auch als Antwort auf eine Frage des Propheten.

Es gibt auch mindestens einen „Lügengeist" (vermutlich Satan) im Himmel, der bewirken kann, daß die Propheten etwas Falsches hören – zumindestens die Propheten, die noch nicht vollkommen auf Jahwe einsgerichtet sind.

Speisen-Magie			
Was?	*Wer?*		
	Elias	*Elisa*	*Christus*
von Raben mit Nahrung versorgt	x		
erhält Nahrung von Jahwe im Schlaf gesandt	x		
kann nach dem Essen des Jahwe-Brots 40 Tage und Nächte zum Berg Hebron laufen	x		
Mehl vermehren	x		
Ö vermehren	x	x	
Brot vermehren		x	x
Verwandlung von Wasser in Wein			x
Fisch vermehren			x

Es gibt eine Vielzahl von Speisen-Zauber, die eine jüdisch-christliche Magie-Spezialität zu sein scheinen, da sie von anderen Völkern unbekannt sind.

Es gibt vier Varianten dieser Magie:

    - das Vermehren von Mehl, Brot und Öl;
    - das Versorgen eines Propheten mit Nahrung, die von Raben gebracht wird oder sich während des Schlafes materialisiert;
    - das magische Entgiften von Speisen oder Quellen;
    - die ausreichende Stärkung für eine 40-tägige Wanderung durch eine Speise.

Feuer-Magie		
Was?	*Wer?*	
	Elias	*Elisa*
Feuer vom Himmel rufen	x	xx

Bei der Feuer-Magie wird Feuer vom Himmel herabgerufen – auf einen Holzstoß, der dadurch entzündet wird oder auf eine Schar von Männern, die dadurch verbrannt wird. Dieser Feuerzauber wird durch ein kurzes Gebet an Jahwe bewirkt.

Möglicherweise steht dieser Feuerzauber mit der Vision der „feurigen Streitwagen" und der „feurigen Rosse" in Zusammenhang – sicher ist dies jedoch nicht.

Wasser-Magie					
Was?	**Wer?**				
	Moses	**Elias**	**Elisa**	**Christus**	**Petrus**
Dürre-Fluch		x			
Regen rufen		x			
Quellen entspringen lassen	x				
Wasser in Tal senden			x		
Teilen des Jordan		x	x		
rotes Meer teilen	x				
Eisen schwimmen lassen			x		
über Wasser gehen				x	x

Die Wasser-Magie ist wieder recht vielfältig:

> - das Verbannen von Tau und Regen sowie das Herbeirufen von Regen,
> - das Senden von Wasser in ein Tal ohne das es regnet,
> - das Teilen eines Flusses oder eines Meeres durch das Ausstrecken der Hand über das Meer oder durch das Schlagen mit dem Mantel auf das Wasser,
> - das Gehen über Wasser und das Emporschwimmenlassen eines Eisenwerkzeugs aus dem Wasser.

Bei dem Rufen von Regen setzt sich Elias hin, beugt sich vor und legt seinen Kopf zwischen seine Knie.

Das ist eine Meditationshaltung, die es auch im Kundalini-Yoga gibt. Es wäre denkbar, daß für einen wirkungsvollen Regenzauber das Erwecken der Kundalini förderlich sein könnte.

Dasselbe gilt auch für die Feuerzauber.

Gift-Magie	
Was?	*Wer?*
	Elisa
reinigt Quelle von Gift	x
Speise entgiften	x

Elisa reinigt eine Quelle von Gift durch Wort und Geste – er betet zu Gott und schüttet Salz aus einer neuer Schale in die Quelle.

Das Entgiften der Speise geschieht durch Einstreuen von Mehl – und vermutlich ein Gebet zu Gott, auch wenn dies nicht erwähnt wird.

Heilungen u.ä.			
Was?	*Wer?*		
	Elisa	*Christus*	*Petrus*
Heilung	x	mehrere	x
Schwangerschaft vorhersagen/bewirken	x		

Es werden eher wenige Heilungen berichtet – in einem Fall heilt ein siebenmaliges Bad im Jordan von Aussatz. Die „sieben" könnte sich hier auf die sieben damals bekannten Planeten und somit auf den Weltenbaum, die Himmelsleiter und ähnliche Formen des Weges zum Himmel beziehen.

Tote erwecken			
Was?	**Wer?**		
	Elias	*Elisa*	*Christus*
Tote erwecken			xx
Toten erwecken, zweimal (Elisa) bzw. dreimal (Elias) auf ihn legen	x	x	
Toter auf den Gebeinen des Propheten wieder lebendig		x	

Hier scheint es eine übliche Methode zu geben – zumindestens legen sich Elias und Elisa dabei auf den Toten: Leib auf Leib, Kopf auf Kopf, Mund auf Mund, Augen auf Augen, Arme auf Arme und Beine auf Beine.

Dies sieht nach einer Lebenskraft-Übertragung aus – wobei die Lebenskraft vermutlich von Gott aus durch den Propheten in den Toten fließt. Da Elisa zunächst seinen Stab auf den Toten legen läßt und sich einmal erhebt und eine Pause macht, könnte es sein, daß er auch seine eigene Lebenskraft in den Toten sendet. Elias legt sich dabei gleich dreimal nacheinander auf den Toten.

Einer der Wiederbelebten niest siebenmal, was sich vermutlich wie das siebenmalige Bad im Jordan zur Heilung auf die sieben Planeten und somit auf den Himmelsweg beziehen wird.

Bei dem Auferstehen eines Toten, als er die Gebeine des Elisa berührt, ist auch der Kontakt zwischen dem Propheten und dem Toten vorhanden.

sonstige Magie/Wunder				
Was?	**Wer?**			
	Moses	*Aaron*	*Christus*	*Petrus*
Stab in Schlange verwandeln	x	x		
Sturm beruhigen			x	
durch verschlossene Türen gehen			x	x

Über die genauere Durchführung dieser Formen der Magie wird nichts berichtet. Über Sturmzauber und ähnliches finden sich in der germanischen Überlieferung viele Beispiele – schließlich waren die Wikinger Seefahrer und brauchten guten Wind.

Flüche					
Was?	**Wer?**				
	Moses	*Elias*	*Elisa*	*Prophet*	*Christus*
Menschen verfluchen	x		x		
verflucht König, weil er Jahwe ungehorsam gewesen ist				x	
verflucht König wegen Raubmord		x			
Rache an Ba'al-Priestern		x			
Befehl von Prophetenjünger nicht ausgeführt – von Löwen gefressen				x	
Mann bestrafen, der Gottes Wort nicht glaubt			x		
verflucht spottende Kinder mit Tod			x		
Dürre-Fluch	x				
Feigenbaum verdorrt					x

Vermutlich sind alle Flüche im Namen von Jahwe ausgesprochen worden – sicher ist dies jedoch nicht, obwohl keine anderen Formen überliefert worden sind. Sie richten sich gegen einzelne Menschen, Gruppen von Menschen, den Regen und einen Feigenbaum.

In den meisten Fällen sind diese Flüche ausgesprochen brutal und umfassen oft die gesamte Sippe des Bestraften, die mit ihm sterben muß.

Kampf- und Kriegs-Magie			
Was?	*Wer?*		
	Elias	*Elisa*	*Micha*
einem König eine Niederlage prophezeien			x
König durch sein Verhalten sein Kriegsgeschick bestimmen lassen		x	
Jahwe lenkt Krieg durch die Worte des Elias an einen König	x		
Heer mit Blindheit schlagen und wieder sehend machen		x	
lenkt Krieg, versetzt Feinde in Panik		x	
Heer in Panik versetzen		x	
Kult des Ba'al und der Aschera bekämpfen	x		
in Magie-Wettstreit gegen 450 Ba'al-Priester siegen	x		

Die Propheten sehen den Verlauf eines Kampfes vorher bzw. bestimmen ihn. Beides ist letztlich Gott, der durch die Propheten spricht – und Gott setzt seinen Willen durch und er kennt die Zukunft. Für Gott ist die Unterscheidung zwischen Vorhersehen und Wollen bedeutungslos, da für ihn aufgrund seiner Allmacht beides dasselbe ist. Daher läßt sich dies auch bei den Propheten nicht unterscheiden, die ständig eng mit Jahwe verbunden sind.

Die Propheten sagen den Verlauf des Krieges voraus, schlagen Heere mit Blindheit oder versetzen sind in Panik, und lassen das feindliche Heer Dinge hören, die gar nicht da sind.

Königs-Macher		
Was?	**Wer?**	
	Elias	*Elisa*
macht Mann zum König	x	
Tod eines Königs weissagen/bewirken		x
einen neuen König einsetzen		x

Die Propheten bestimmten oft einen neuen König, der dann den alten König getötet hat. Da die Könige ihr Stellung nach Gottes Willen haben und die Propheten mit Gott verbunden sind, sind die Propheten die Königs-Macher – natürlich nur im Sinne eines ausführenden Organs des Jahwe.

Kraftübertragungen		
Was?	**Wer?**	
	Elias	*Christus*
weiht Elisa mit seinem Mantel zum Schüler	x	
Kraftübertragung auf Schüler beim Tod	x	
Kraftübertragung		x

Es werden drei Zeitpunkte der Kraftübertragung beschrieben: bei der ersten Begegnung (Elias und Elisa) bei dem Tod des Lehrers (Elias) und bei der Aussendung der Jünger, also der Schüler (Christus).

Dabei ist es interessant, daß zumindestens im Fall von Elisa nicht Elias diesen Schüler ausgesucht hat, sondern Elisa von Jahwe zum Schüler des Elias bestimmt worden ist – was Jahwe dann dem Elias mitgeteilt hat.

Himmelfahrt u.ä.				
Was?	**Wer?**			
	Moses	*Elias*	*Elisa*	*Christus*
kein Leichnam zu finden	x	x		
Himmelfahrt				x
fährt im Gewitter in den Himmel		x		
Schüler kann die Himmelfahrt des Lehrers sehen		x		
feurigen Streitwagen mit feurigen Rossen sehen können			x	
andere die feurigen Streitwagen und feurigen Rosse sehen lassen			x	
wird „Israels Streitwagen" und „Israels Reiter" genannt		x	x	

Die Himmelfahrt ist schwer zu deutendes Motiv, das sowohl in der Bibel als auch bei den indischen Mahasiddhis (buddhistische Yogis) vorkommt.

Diese Himmelfahrt wird bei Elias und Elisa als ein Gewitter beschrieben, bei dem man feurige Streitwagen und feurige Pferde sehen kann.

Christus schwebt hingegen in einer Wolke zum Himmel hinauf, was der Wolke in den Gottes-Visionen des Moses des Elias und des Christus entspricht.

- - -

Die Hauptaufgabe des Elias und des Elisa scheint es gewesen zu sein, den Glauben an Jahwe gegen den Glauben an Ba'al und Aschera zu verteidigen.

Elias muß auf die Israeliten soviel Eindruck gemacht haben, daß sie bei allen Männern, die Wunder vollbringen konnten, diesen Mann gleich für den ins Diesseits zurückgekehrten Elias gehalten haben – insbesondere Johannes den Täufer und Christus.

Es ist verwunderlich, daß Elias so viel bekannter ist als sein Schüler Elisa, obwohl dieser dem Elias an Einfluß und an der Anzahl und Art der Wundertaten ebenbürtig gewesen ist. Möglicherweise liegt dies an der Ermordung der Ba'als-Priester durch Elias, durch die der Jahwe-Glauben wieder an Einfluß gewinnen konnte.

Elias und Elisa sind beide vollkommen einsgerichtet auf Gott und scheuen vor keinen Gefahren und auch nicht vor Massenmorden zurück, um ihr Ziel zu erreichen: die Verbreitung des Glaubens an Jahwe.

Man kann diese beiden Propheten als sehr fähige Magier ansehen (auch wenn sie sich nicht als solche bezeichnet hätten), die den indischen Yogis und den buddhistischen Mahasiddhis an Einsgerichtetheit und an Wunderwerken in nichts nachstehen.

Moses ist der Adi-Guru des Jesus, also der Gründer seiner Übertragungslinie. Moses erscheint zusammen mit Elias dem Christus und dreien seiner Jünger auf einem hohen Berggipfel. Dort spricht Gott aus einer leuchtenden Wolke (Chokmah) heraus zu ihnen.

Bücher von Harry Eilenstein

- The Synthesis of Physics and Magic (192 p.)
- Telepathy for Beginners (60 p.)
- Telepathy for Advanced Learners (52 p.)
- Telekinesis for Beginners (56 p.)
- Life Force for Beginners (76 p.)
- Kundalini for Beginners (104 p.)
- Astral Projection for Beginners (60 p.)
- Meditation for Beginners (60 p.)
- Prophecy for Beginners (60 p.)
- Ritual Magic for Beginners (64 p.)
- Magic Chant for Beginners (108 p.)
- Invocations for Beginners (52 p.)
- Evocations for Beginners (62 p.)
- Auto-Movement for Beginners (60 p.)
- Elves for Beginners (56 p.)
- Hypnosis for Beginners (56 p.)
- Love Magic for Beginners (52 p.)

- Money Magic for Beginners (60 p.)
- Magic Objects for Beginners (64 p.)
- Shamanism for Beginners (52 p.)
- Chakra-Magic for Beginners (148 p.)
- Language of the Moon – for Beginners (128 p.)
- Self Knowledge for Beginners (60 p.)
- Da'ath-Magic for Beginners (64 p.)
- Astrology for Beginners (112 p.)
- Number Symbolism for Beginners (64 p.)
- Mandalas for Beginners (76 p.)
- Crop Circles for Beginners (344 p.)
- Feng Shui for Beginners (96 p.)
- Magic Research for Beginners (140 p.)

- Magic for Beginners – Anthology I (636 p.)
- Magic for Beginners – Anthology II (616 p.)
- Magic for Beginners – Anthology III (684 p.)
- Magic for Beginners – Anthology IV (580 p.)

Religion allgemein
- Die sieben Schritte des Lebens (428 S.)
- Muttergöttin und Schamanen (168 S.)
- Totempfähle (440 S.)
- Der Urriese (168 S.)

Jungsteinzeit
- Göbekli Tepe (472 S.)
- Die Göttin von Göbekli Tepe (144 S.)

Ägypten
- Hathor und Re 1: Götter und Mythen im Alten Ägypten (432 S.)
- Hathor und Re 2: Die altägyptische Religion – Ursprünge, Kult und Magie (396 S.)
- Isis (508 S.)
- Ma'at (200 S.)

Christentum
- Christus (60 S.)
- Die Biographie des Teufels (144 S.)

Indogermanen
- Die Entwicklung der indogermanischen Religionen (700 S.)
- Wurzeln und Zweige der indogermanischen Religion (224 S.)

Griechen
- Pan (336 S.)
- Poseidon (668 S.)

Inder
- Dakini (80 S.)
- Vajra (76 S.)

Germanen
- Die Götter der Germanen (87 Bände – siehe nächste Seite)
- Odin (300 S.)

Kelten
- Cernunnos (690 S.)
- Taliesin (228 S.)
- Der Kessel von Gundestrup (220 S.)
- Der Chiemsee-Kessel (76)

Psychologie
- Über die Freude (100 S.)
- Das Geheimnis des inneren Friedens (252 S.)
- Das Beziehungsmandala (52 S.)
- Gefühle und ihre Verwandlungen (404 S.)
- einsgerichtet (140 S.)
- Liebe und Eigenständigkeit (216 S.)
- Von innerer Fülle zu äußerem Gedeihen (52 S.)

Heilung
- Die Symbolik der Krankheiten (76 S.)

Kunst
- Herz des Tanzes – Tanz des Herzens (160 S.)
- Die Wurzeln der Kunst (60 S.)
- Wege zur Musik-Improvisation (32 S.)

Drama
- König Athelstan (104 S.)

„Magie für Anfänger"

- Telepathie für Anfänger (60 S.)
- Telepathie für Fortgeschrittene (52 S.)
- Telekinese für Anfänger (52 S.)
- Analogien für Anfänger (56 S.)
- Omen und Orakel für Anfänger (52 S.)
- Lebenskraft für Anfänger (60 S.)
- Meditation für Anfänger (56 S.)
- Kundalini für Anfänger (100 S.)
- Hypnose für Anfänger (56 S.)
- Auto-Movement für Anfänger (56 S.)
- Chakra-Magie für Anfänger (148 S.)
- Astralreisen für Anfänger (56 S.)
- Astrologie für Anfänger (120 S.)
- Silberschnüre für Anfänger (52 S.)
- Zaubersprüche für Anfänger (60 S.)
- Ritual-Magie für Anfänger (56 S.)
- Mandalas für Anfänger (68 S.)
- Geldzauber für Anfänger (56 S.)
- Liebeszauber für Anfänger (52 S.)
- Invokationen für Anfänger (52 S.)
- Evokationen für Anfänger (60 S.)
- Geister für Anfänger (52 S.)
- Elfen für Anfänger (56 S.)
- Magie-Forschung für Anfänger (140 S.)
- Magie-Romantik für Anfänger (60 S.)
- Selbsterkenntnis für Anfänger (52 S.)
- Einweihungen für Anfänger (60 S.)
- Drogen-Kabbala für Anfänger (216 S.)
- Zahlensymbolik für Anfänger (60 S.)
- Die Sprache des Mondes – für Anfänger (116 S.)
- Zaubergesänge für Anfänger (100 S.)
- Zukunftschau für Anfänger (60 S.)
- Schamanismus für Anfänger (52 S.)
- Schwitzhütten für Anfänger (52 S.)
- Magische Gegenstände für Anfänger (68 S.)
- Übertragungen für Anfänger (68 S.)
- Zaubertränke für Anfänger (64 S.)
- Magie-Gesten für Anfänger (252 S.)
- Da'ath-Magie für Anfänger (64 S.)
- Kornkreise für Anfänger (348 S.)
- Feng Shui für Anfänger (96 S.)
- Tao für Anfänger (112 S.)
- Magie für Anfänger – Sammelband   I   (696 S.)
- Magie für Anfänger – Sammelband   II (664 S.)
- Magie für Anfänger – Sammelband   III (580 S.)
- Magie für Anfänger – Sammelband   IV (700 S.)
- Magie für Anfänger – Sammelband   V   (676 S.)

„Traumreisen"

- Traumreisen zu Heilpflanzen (700 S.)

Magie

- Handbuch für Zauberlehrlinge (408 S.)
- Wie man das Pentagramm-Ritual zum Leben erweckt (308 S.)
- Tarot (104 S.)
- Physik und Magie (184 S.)
- Die Synthese von Physik und Magie (200S.)
- Die Magie-Formel (156 S.)
- Schwarze Löcher in der Magie (56 S.)
- Krafttiere – Tiergöttinnen – Tiertänze (112 S.)
- Schwitzhütten (524 S.)
- Mythen und Magie der Harfe (116 S.)
- Drei Adeptus Major Rituale (192 S.)
- Drei Adeptus Exemptus Rituale (120 S.)
- Zwei Infans Abyssi Rituale (128 S.)
- Die Magie der Propheten Elias und Elisa (96 S.)

Meditation

- Der Lebenskraftkörper (230 S.)
- Die Chakren (100 S.)
- Das Chakren-System mit den Nebenchakren (296 S.)
- Organe und Chakren (64 S.)
- Die platonischen Körper in den Chakren (156 S.)
- Meditation (140 S.)
- Drachenfeuer (124 S.)
- Kundalini I (676 S.)
- Kundalini II (672 S.)
- Reinkarnation (156 S.)
- einsgerichtet (140 S.)

Astrologie

- Astrologie (496 S.)
- Photo-Astrologie (428 S.)
- Die astrologischen Aspekte (88 S.)
- Horoskop und Seele (120 S.)

Kabbala

- Kursus der praktischen Kabbala (150 S.)
- Eltern der Erde (450 S.)
- Blüten des Lebensbaumes:
    - Die Struktur des kabbalistischen Lebensbaumes (370 S.)
    - Der kabbalistische Lebensbaum als Forschungshilfsmittel (580 S.)
    - Der kabbalistische Lebensbaum als spirituelle Landkarte (520 S.)

Eilenstein, Frater V.D., Knecht, Büdenbender

- Magie heute – Berichte aus der Praxis (288 S.)
- Living Magic (261 p.)

Büdenbender, Eilenstein

- Chaos, Alk und Magic (436 S.)

Die Themen der 87 Bände der Reihe „Die Götter der Germanen"